CW01669198

Observer et protéger les oiseaux du jardin

© 2010, Éditions Rustica, Paris
Dépôt légal : juin 2010
ISBN : 978-2-8153-0001-8

www.rustica.fr
www.fleuruseditions.com

Guilhem **Lesaffre**

Observer et protéger les oiseaux du jardin

rustica éditions

plaisirs nature

Sommaire

Avant-propos

La découverte des oiseaux à travers le monde est une source de grandes satisfactions. J'ai eu la chance de m'émerveiller devant des frégates et des perroquets aux Antilles, de m'extasier en voyant des touracos et des calaos en Afrique, d'être séduit par des colibris ou des pygargues en Amérique. Malgré cela, l'observation des oiseaux de mon jardin breton reste l'un de mes grands plaisirs ornithologiques. En dépit des années, je ne me lasse pas de voir vivre rougegorges, accenteurs ou merles, pourtant si communs. Quel plaisir de guetter le retour printanier des migrateurs ou l'arrivée des visiteurs d'hiver ! L'incessant ballet à la mangeoire offre un spectacle passionnant, parfois pimenté de quelques surprises. Et je n'oublie pas l'agrément que procurent les chants de la grive musicienne, de la fauvette à tête noire ou du pinson des arbres...

Si vous lisez ces lignes, c'est sans doute que vous disposez d'un jardin. Ce petit livre se propose de vous guider à la découverte des oiseaux que vous pourrez y rencontrer et, surtout, de comprendre comment vous pourrez vous y prendre, de façon simple, pour favoriser leur présence autour de vous. C'est selon cette approche écologique, au sens propre du terme, c'est-à-dire dans la relation entre les êtres vivants et le milieu, que la conception de l'ouvrage a été envisagée. Je gage que si vous mettez en pratique certains des conseils formulés ici, votre jardin sera encore plus accueillant pour les oiseaux, précieux maillons de la biodiversité.

Guilhem Lesaffre

Le jardin est un milieu

Ce n'est pas une forêt tropicale ni un marais nordique et pourtant, le jardin est bien un milieu. Certes, il porte de façon plus ou moins évidente la marque des interventions humaines, mais cela ne l'empêche pas d'être fréquenté par des animaux, dont les oiseaux, ni d'être colonisé par des végétaux. Comme le savent les écologues et les naturalistes, c'est le milieu qui façonne les espèces au fil du temps. À une échelle bien plus modeste, on peut appliquer cette loi naturelle au jardin. En somme, « dis-moi comment est ton jardin, je te dirai quels oiseaux y vivent ». Précisons qu'un jardin est rarement isolé, aussi son profil écologique dépend-il également du cadre plus général dans lequel il s'inscrit.

Ci-contre : linotte mélodieuse (voir p. 111).

Écologie du jardin

Il a beau être le résultat de modifications apportées par l'homme, le jardin est quand même un authentique milieu de vie, une entité écologique à part entière. Et si l'on ne peut plus le qualifier de milieu naturel, il reste cependant un milieu semi-naturel ou, en tout cas, encore en prise avec la nature, surtout si sa gestion est respectueuse de certains principes simples. Ce lien avec la nature se maintient par le biais de nombreux insectes, de végétaux voyageurs, de quelques mammifères ou batraciens et d'oiseaux.

Un petit morceau de la planète

Chaque jardinier, chaque détenteur ou bien utilisateur d'un jardin devrait prendre conscience de la lourde responsabilité qui est la sienne en tant que gestionnaire d'un fragment plus ou moins étendu de notre planète. Ce qu'il fait dans les limites de son petit territoire ne concerne pas que lui mais peut avoir un impact sur des réalités biologiques et écologiques dépassant largement les frontières du jardin. Le respect ou non de l'eau et donc des nappes phréatiques, le recours à des pesticides chimiques, l'amélioration ou la dégradation des conditions d'accueil pour la faune, autant de points dont on peut aisément comprendre qu'ils engagent plus que le seul utilisateur du jardin.

Un réseau vert

Les oiseaux ignorent complètement, et c'est heureux, les limites établies par les hommes. Autant dire que le jardin et ceux des voisins forment pour eux un même ensemble. Dans ces conditions, plus un jardin est favorable aux oiseaux, plus le réseau que forment des jardins mitoyens est attractif pour eux et susceptible de les retenir en présentant une valeur écologique loin d'être négligeable. En d'autres termes, les efforts que l'on consent en faveur des oiseaux seront d'autant plus valorisés et efficaces que les jardins des alentours offriront eux-mêmes des conditions d'accueil satisfaisantes.

Un centre de ressources

Un jardin est, comme on l'a vu, un petit morceau de la planète. C'est aussi un lieu d'accueil pour les oiseaux, surtout lorsqu'il s'inscrit dans un contexte défavorable comme les zones de grandes monocultures. Dans l'idéal, les capacités d'accueil devraient être satisfaisantes dans trois situations : pour les nicheurs, lors des migrations et pendant l'hiver. Mais si déjà un ou deux de ces objectifs sont atteints, notamment par le biais du choix des végétaux et l'adoption de certaines pratiques simples, une partie du contrat est remplie et c'est tant mieux !

Un intérêt variable

Tous les jardins sont bien sûr loin de présenter le même intérêt du point de vue ornithologique. Ces disparités sont directement liées à la conjugaison de divers paramètres que nous allons passer en revue. Ils peuvent se résumer en une petite formule mnémotechnique amusante, « slsgg » (« Est-ce elle, est-ce Gégé ? »), acronyme de « superficie, localisation, situation géographique, gestion ».

La taille du jardin

Plus un jardin est grand, plus il convient aux oiseaux et plus on pourra s'attendre à y trouver des espèces différentes. Quels sont les facteurs qui expliquent cela ? Le premier est écologique. Plus la taille d'un jardin est importante plus, en théorie, on sera en mesure d'y trouver des milieux divers comme un bosquet, des haies, une prairie, des buissons ou des fourrés. Autant de milieux, autant d'oiseaux aux exigences particulières satisfaites ! Le second facteur est d'ordre comportemental. Certains oiseaux plus ou moins farouches, et souvent d'une taille assez importante, ne consentent à venir au jardin que si la distance maintenue par rapport aux bâtiments est suffisante. Ainsi, un pigeon ramier ou un corbeau freux répugneront-ils à se poser au sol dans un jardin exigu.

Quelques zones périphériques de pelouse à tonte différée ajouteraient de l'intérêt à ce jardin.

Un environnement favorable

On l'a vu précédemment, un jardin, à moins qu'il ne soit enclavé en pleine ville, n'est pas à considérer comme un élément isolé mais comme l'une des composantes d'un réseau plus étendu. Ainsi, la question de la taille du jardin, évoquée ci-dessus, perd quelque peu de son influence si tant est que d'autres jardins entourent le sien.

Toutefois, la présence de jardins attenants ou proches ne saurait suffire à garantir la qualité du réseau ainsi constitué : encore faut-il que les jardins en question soient écologiquement satisfaisants. Si votre jardin n'est entouré que de jardins bien léchés, aux arbres et arbustes taillés au cordeau, les potentialités du secteur diminuent – encore que votre territoire puisse, dans une certaine mesure, bénéficier de l'effet « d'oasis » et accueillir des oiseaux ne trouvant des conditions favorables que chez vous...

Enfin, paramètre fondamental, votre jardin est-il proche ou non de zones plus ou moins naturelles intéressantes ? Si les environs sont bocagers ou boisés, si un grand parc est situé non loin de là et si une jolie prairie naturelle ou des vergers anciens subsistent à proximité, les potentialités de rencontrer des oiseaux variés sont nettement accrues.

La situation géographique

Comme rien n'est jamais parfait, il ne suffit pas d'avoir un grand jardin inscrit dans un réseau de jardins et ouvert sur la campagne pour espérer le voir empli d'oiseaux. Il faut aussi tenir compte de sa localisation géographique. Et, en la matière, force est de reconnaître que tout le monde n'est pas logé à la même enseigne. Un jardin situé dans une région connue pour être fréquentée par les migrateurs aura bien plus de chances d'accueillir des oiseaux nombreux et variés qu'un autre placé dans une zone « de calme plat », même si, en théorie, les oiseaux peuvent se rencontrer un peu partout.

Indépendamment de l'aspect quantitatif, le paramètre écologique doit aussi être pris en considération. Autrement dit, un jardin breton pas trop éloigné de la côte peut être survolé par des limicoles (petits échassiers) en quête d'une vasière, ou de manière beaucoup plus exceptionnelle mais tout à fait possible, accueillir le rare pouillot à grands sourcils venu de Sibérie, mais il aura peu d'occasions de recevoir la visite d'un rossignol et moins encore d'une fauvette mélanocéphale, espèce essentiellement méditerranéenne. À l'inverse, un jardin méridional pourra aisément être fréquenté par la huppe ou le rougequeue à front blanc, voire survolé par un circaète Jean-le-Blanc (grand rapace spécialiste de la capture des reptiles), mais ne verra probablement pas le passage de sternes ou le stationnement d'une troupe de sizerins.

Un jardin accueillant

Il n'y a qu'un seul facteur sur lequel on peut agir concernant son jardin : la manière de le « mener ». Le choix des végétaux, des plantes aux arbres en passant par les buissons, l'organisation du lieu, le degré de rigueur dans la gestion de l'ensemble, l'abandon des pesticides chimiques, autant de variables sur lesquelles chacun peut agir en visant un certain nombre d'objectifs, au premier rang desquels se trouve l'amélioration des capacités d'accueil pour la faune, et notamment les oiseaux. Ce n'est même pas une question économique mais plutôt une conception écologique, au sens propre du terme, et sans doute presque philosophique...

Il y a jardin et jardin !

Il semble à peu près inconcevable de trouver deux jardins identiques en tous points. Il suffit pour s'en convaincre de comparer, par exemple, les jardins d'un lotissement. Ils auront beau avoir la même superficie et la même forme, tous seront différents, parfois même de manière extrêmement marquée. Que dire alors du jardin d'un chalet pyrénéen, de celui d'une longère bretonne ou du jardin entourant un mas provençal ! D'un point de vue naturaliste, et plus particulièrement ornithologique, cette disparité fait qu'il est très délicat de parler « du » jardin et de « ses » oiseaux. Il est en revanche relativement facile de donner des indications sur les jardins qui attirent les oiseaux et ceux qui ne leur plaisent que peu ou pas du tout.

Les jardins repoussoirs

Commençons par le cas des jardins qui ne conviennent pas aux oiseaux. De façon schématique, la hantise de ces derniers est faite d'un mélange de pelouses semblables à des moquettes vertes, d'arbres et d'arbustes – souvent non indigènes – n'offrant aucun intérêt aux porteurs de plumes, de haies semblables à des murs végétaux. Si l'on ajoute peu de buissons, une absence presque complète de végétaux nourriciers et un usage soutenu de produits loin d'être « bio », on aura brossé à grands traits le portrait du jardin repoussoir...

Une vision d'ensemble

S'il est vrai que l'ennui est né de l'uniformité, il est également exact que celle-ci n'est pas faite pour plaire aux oiseaux. Même dans un jardin aux dimensions modestes, il est possible d'apporter de la variété écologique en installant ce que l'on pourrait appeler des « micro-milieux ». Un bosquet de noisetiers, une charmille, un roncier contrôlé, une pelouse rase et une zone herbeuse laissée plus libre peuvent ainsi for-

Une affaire de choix personnel

Vouloir s'entourer d'oiseaux dans son jardin et apprécier leur présence est parfaitement légitime, et c'est là une conception partagée par des millions de personnes. Toutefois, les vrais passionnés, prêts à bien des concessions pour favoriser les oiseaux du jardin, demeurent une toute petite minorité. Sans atteindre un tel degré d'engagement – car c'en est bien un – il reste tout à fait possible de respecter un ensemble de façons de faire qui, sans être trop contraignantes, permettent d'augmenter sensiblement les conditions d'accueil des oiseaux au jardin.

Un foisonnement végétal favorise les oiseaux insectivores comme pouillots et fauvettes.

mer un intéressant puzzle de nature à plaire à des oiseaux d'espèces diverses. Un exemple comme celui-ci illustre la nécessité de concevoir le plan du jardin comme un ensemble à la fois raisonné et cohérent. En d'autres termes, des initiatives isolées, un arbre par-ci, un buisson par là, ne permettront pas d'atteindre un résultat aussi satisfaisant. En revanche, en présence d'un jardin ancien déjà installé, il est possible de procéder par touches successives, en gardant à l'esprit un objectif final déterminé.

Du côté des plantations

Une fois le plan d'ensemble arrêté, il est recommandé de commencer par la mise en place de son ossature, c'est-à-dire par le choix et l'implantation des arbres et des arbustes. Certains arbres (voir pp. 18-20) conviennent tout particulièrement aux oiseaux, pour des raisons allant de la nourriture à la nidification. Ils auront évidemment la priorité. Quelle qu'en soit la raison (exposition, nature du sol, taille du jardin...), on pourra se tourner vers des essences un peu moins indiquées, mais on évitera en tout cas celles qui n'offrent aucun intérêt pour les oiseaux. La même démarche s'applique au choix des arbustes (voir pp. 21-24).

Le cadre général étant ainsi défini, il reste à le compléter par les buissons et les plantes grimpantes (voir pp. 21-24).

L'entretien

Là encore, il s'agit d'une question de choix personnel. Nombreux sont les jardiniers qui répugnent à laisser une certaine liberté aux végétaux. Pourtant, il est clair que les jardins les moins léchés sont aussi ceux qui attirent et retiennent le mieux les oiseaux. Sans aller jusqu'à une quasi-absence d'intervention, ce que font certains « purs et durs », on peut se contenter d'un contrôle discret. Quoi qu'il arrive, évitez de réaliser les opérations d'entretien en théorie les plus dommageables au printemps et en début d'été. Les tailles de haies, les élagages d'arbres ou le fauchage des herbes hautes devraient ainsi être différés autant que faire se peut jusqu'à ce que les nichées se soient envolées.

Toujours dans le domaine de l'entretien, la question des feuilles mortes mérite que l'on s'y attarde. En laisser subsister sous les arbres ou les arbustes dans certaines parties du jardin, afin qu'elles s'y décomposent naturellement, c'est offrir aux merles, aux grives, aux rougegorges ou bien encore aux accenteurs la possibilité de disposer de toute une petite faune d'invertébrés, précieuse pour contribuer à la subsistance lors la mauvaise saison.

Une responsabilité

Favoriser la présence des oiseaux est une excellente chose, mais cela signifie que l'on a dès lors des obligations morales à leur égard. Il semble en effet inconcevable de les attirer pour, ensuite, ne pas prendre les mesures nécessaires pour ne pas leur porter tort. Par exemple, il serait illogique de laisser pousser un rideau de lierre pour favoriser certains nicheurs, puis de décider une taille sévère pour des raisons esthétiques.

Le jardin idéal

Pour finir, offrons-nous le plaisir de décrire le jardin idéal de « l'ami des oiseaux » ou, moins poétiquement mais plus écologiquement, le jardin le plus compatible avec les exigences biologiques et comportementales des oiseaux.

Ses essences ont pour la plupart été choisies en fonction de leur intérêt pour les oiseaux. Les arbres ne sont pas tous du même âge, ce qui permet de satisfaire un plus grand éventail d'espèces. Quelques-uns sont dépérissants ou morts (si, bien sûr, la sécurité n'est pas compromise), ce qui plaît beaucoup aux pics, aux sittelles et autres mésanges, et facilite grandement l'observation de tout oiseau qui choisit de s'y percher ! Des haies mixtes bien fournies sont en place, de même que des plantes grimpantes : toutes garantissent un refuge, de confortables emplacements pour les nids et un appoint alimentaire le moment venu. La végétation herbacée d'une partie au moins du jardin a été laissée en place pour le plus grand bonheur des chardonnerets, des pinsons ou des moineaux.

Si toutes les conditions évoquées ont été respectées, la présence de mangeoires, d'abreuvoirs et de nichoirs n'est pas absolument obligatoire, mais elle offrira néanmoins la possibilité de belles observations !

Des arbres et des oiseaux

Dans notre imaginaire collectif, l'arbre et l'oiseau apparaissent étroitement liés. Ainsi un enfant dessinant un oiseau ne manquera pas, en général, de le représenter perché dans un arbre. Offrir des arbres aux oiseaux dans les jardins, surtout dans les régions où des arrachages ont eu lieu ou dans celles qui, traditionnellement, en sont dépourvues, c'est leur venir en aide de manière significative. Mais comment choisir ?

Quels arbres ?

Dans les milieux naturalistes, les essences non indigènes n'ont pas du tout la cote. Que faut-il penser de cette mise à l'index ? Même si fondamentalement les naturalistes ont raison de se méfier des apports de végétaux étrangers, tant en zone tropicale que tempérée (jacinthe d'eau, jussie, salicaire... – les arbres ne sont en fait que peu concernés), il faut aussi tenir compte de la dimension temporelle. Un arbre comme le robinier faux-acacia, par exemple, n'existait pas en France avant le XVIIe siècle. D'origine américaine et introduit en Europe par le sieur Robin, il est aujourd'hui bien acclimaté et largement répandu, même s'il a tendance à demeurer une espèce des milieux modifiés, notamment présente le long des voies routières ou ferrées. Voici une essence qui, outre qu'elle est hautement mellifère et convient aux abeilles, est consommée (jeunes feuilles) par le pigeon ramier, qui y fait aussi son nid, tandis que le gobemouche gris apprécie ses ramures clairsemées pour y chasser à l'affût, et que le grimpereau des jardins apprécie l'écorce crevassée des vieux sujets pour y dénicher les insectes. Je connais une île bretonne où les pouillots migrateurs en halte se nourrissent pour une part très importante des minuscules insectes qu'ils trouvent sur les feuilles des mimosas, essence absolument étrangère au lieu. De même, j'ai dans mon jardin breton quelques pins de Monterey (américains, donc) d'une trentaine d'années qui nourrissent ou abritent les deux roitelets, le pic épeiche, la pie, le pigeon ramier, le pinson, la mésange huppée ou la hulotte.

Il n'en reste pas moins, et chacun le comprendra aisément, que les oiseaux de nos campagnes et de nos forêts sont quand même plus écologiquement associés aux essences indigènes, qui leur procurent dans les meilleures conditions, abris, nourriture et sites de nidification.

En conclusion, je conseille de se tourner vers les essences indigènes pour constituer le fonds arboré du jardin. Libre à chacun, ensuite, d'ajouter à cette base essentielle tel ou tel arbre « exotique », choisi pour ses qualités esthétiques ou autres.

Quelle utilité ?

Les arbres sont utiles aux oiseaux de différentes façons, et pas toujours comme on le croit. Par exemple, contrairement à ce que l'on pourrait penser, les oiseaux (y compris ceux des jardins) qui installent leur nid dans les arbres sont bien moins nombreux que ceux qui le font sur un autre support (voir encadré ci-dessous). En revanche, l'arbre est pour de nombreuses espèces un poste d'observation, un refuge, un dortoir, une ressource alimentaire directe (graines, bourgeons, feuilles) ou indirecte (insectes, araignées).

Des choix judicieux

Voici une sélection des arbres les plus intéressants pour les oiseaux. On accordera une attention particulière aux atouts de leur essence et on n'oubliera pas, à ce sujet, que la floraison attire des insectes dont les oiseaux se nourrissent.

Dans la rubrique « espèces associées » ne figurent que les principales ; l'association en question peut se résumer à la notion de perchoir fréquemment utilisé ou être plus étroite et concerner la nourriture ou bien la nidification.

La rubrique « essences associées » donne des idées de mélanges entre essences, soit pour des raisons esthétiques, soit dans un souci de complémentarité. La répartition est en général celle constatée à l'état naturel et devrait permettre de préférer tel ou tel arbre selon la région où se situe le jardin.

Enfin, on notera que certains arbres à grand développement supportent bien la taille et peuvent donc convenir à des jardins peu étendus, à condition de respecter les distances de plantation imposées par la loi.

Un arbre, un nid

Ce petit tableau indique le degré de dépendance aux arbres pour l'installation du nid chez quelques espèces des jardins (ce degré de dépendance peut varier avec le milieu : par exemple, en forêt, le rougequeue à front blanc est exclusivement lié aux arbres pour sa nidification).

Dépendance forte à exclusive	Dépendance moyenne	Dépendance faible à nulle
• Corneille noire	• Étourneau	• Accenteur mouchet
• Geai des chênes	• Fauvette à tête noire	• Bruant zizi
• Grimpereau des jardins	• Gobemouche gris	• Moineau domestique
• Grive draine	• Grive musicienne	• Pouillot véloce
• Pic épeichette	• Huppe fasciée	• Rossignol philomèle
• Pie bavarde	• Merle noir	• Rougegorge familier
• Pigeon ramier	• Mésange à longue queue	• Rougequeue noir
	• Moineau friquet	
	• Rougequeue à front blanc	
	• Tourterelle des bois	

Aulne

Hauteur : jusqu'à 20 m.
Vitesse de croissance : rapide au début.
Atouts : supporte bien la taille.
Espèces associées : tarin des aulnes, sizerin flammé, chardonneret élégant.
Essences associées : bouleau.
Répartition : toute la France.
Nature du sol : apprécie les sols riches, humides.

Bouleau

(terme générique regroupant les bouleaux verruqueux et pubescent)
Hauteur : jusqu'à 20 ou 25 m.
Vitesse de croissance : rapide (mais longévité médiocre).
Atouts : le bouleau héberge, notamment au niveau du feuillage, un nombre élevé d'insectes (un total de l'ordre de 280 espèces a été recensé pour les deux essences courantes), dont des chenilles ou des larves de tenthrèdes, qui offrent de belles opportunités aux passereaux insectivores ; les graines minuscules, nichées entre les « écailles » des « fruits », font quant à elles le régal des passereaux granivores (attention, les cultivars ne sont pas fructifères !). Par ailleurs, le bouleau est très rustique.
Espèces associées : tarin des aulnes, sizerin flammé, chardonneret élégant, mésanges, pouillots.
Essences associées : conifères (pins sylvestre ou maritime), chênes.
Répartition : manque dans les régions méditerranéennes (bouleau verruqueux) ; moitié nord-est de la France (bouleau pubescent).
Nature du sol : peu importante mais de préférence riche en humus ; tolère l'humidité, mais apprécie un sol bien drainé.

Charme

Hauteur : jusqu'à 25 m (mais supporte très bien l'élagage et la taille, même répétés).
Vitesse de croissance : lente.
Atouts : le charme héberge de nombreux insectes (une quarantaine d'espèces associées). Son feuillage, de type marcescent (les feuilles mortes restent attachées aux branches pendant la saison de repos végétatif), abrite des insectes à la mauvaise saison, fournissant ainsi une précieuse ressource aux insectivores sédentaires ou

L'aulne, qui attire les tarins... des aulnes !

hivernants. Ses fruits, et plus précisément leur graine, cachée dans une petite coque dure, est un bon support de nids.
Espèces associées : pics, sittelle torchepot, mésanges, fauvette à tête noire, pouillots, gros-bec casse-noyaux (très lié à cette essence pour ses graines).
Essences associées : chênes, hêtre.
Répartition : toute la France.
Nature du sol : neutre (composition et acidité).

Chêne pédonculé, rouvre (ou sessile) et pubescent

Hauteur : jusqu'à 20 m (pubescent) ou 30 m (rouvre et pédonculé). Le développement important des chênes les rend évidemment assez incompatibles avec les petits jardins, à moins de pratiquer un élagage régulier (au détriment de la silhouette de l'arbre mais au bénéfice éventuel d'oiseaux amateurs de cavités).
Vitesse de croissance : lente.
Atouts : intérêt élevé pour les insectivores (plus de 300 espèces d'insectes associées !), notamment grâce aux chenilles. Les glands sont consommés

par plusieurs espèces et les « gales », ces billes qui abritent une larve, sont décortiquées par certains oiseaux.
Espèces associées : pics (notamment l'épeiche), geai des chênes, mésanges, fauvettes à tête noire et des jardins...
Essences associées : charme (surtout pour les chênes rouvres et pédonculés), hêtre.
Répartition : toute la France à l'exception du Midi (pour les chênes rouvres et pédonculés) et l'inverse pour le pubescent.
Nature du sol : variable selon les essences.

Chêne vert

Hauteur : jusqu'à 25 m.
Vitesse de croissance : lente.
Atouts : les insectes associés, ses glands et son feuillage persistant qui en fait un bon abri hivernal pour diverses espèces.
Espèces associées : geai des chênes, pigeon ramier, fauvette orphée...
Essences associées : chêne pubescent.
Répartition : région méditerranéenne (acclimaté dans l'Ouest, mais attention à la prise au vent en hiver sur sol détrempé).
Nature du sol : préfère le calcaire, mais se montre accommodant.

Frêne

Hauteur : jusqu'à plus de 30 m, surtout s'il pousse en groupes serrés.
Vitesse de croissance : assez rapide.
Atouts : les insectes (une bonne cinquantaine d'espèces associées), et ses fruits, les samares, que l'on décortique pour leur graine.
Espèces associées : pouillots, fauvette à tête noire, mésanges, pinson, grosbec casse-noyaux, pics...
Essences associées : aulne, saules.
Répartition : toute la France.
Nature du sol : apprécie les sols frais et riches en humus, mais peut se montrer plus sobre.

Hêtre

Hauteur : jusqu'à 40 m.
Vitesse de croissance : modérée.
Atouts : les insectes (environ 80 espèces associées) et ses fruits, les faines, que l'on décortique pour leur excellente amande.
Espèces associées : sittelle, pinsons, pics, geai des chênes, pigeon ramier...
Essences associées : chênes, charme.
Répartition : toute la France (sauf près de la Méditerranée).
Nature du sol : importe peu (l'humidité de l'air est plus déterminante pour cette essence).

Pin sylvestre

Hauteur : 35 m.
Vitesse de croissance : rapide (mais a besoin de beaucoup de lumière).
Atouts : les insectes (plus d'une centaine d'espèces associées), ses graines cachées entre les écailles des cônes (pomme de pin), sa vitesse de pousse et son ancrage solide.
Espèces associées : pic épeiche, mésanges noires et huppées, roitelets.
Essences associées : bouleau, chênes.
Répartition : deux tiers sud-est de la France ; mais il est aussi acclimaté ailleurs.
Nature du sol : acide.

Tilleul (plusieurs espèces)

Hauteur : 30 m.
Vitesse de croissance : assez rapide au début.
Atouts : supporte bien la taille.
Espèces associées : pouillots, fauvettes (insectes), mésanges, sittelle (fruits).
Essences associées : pas d'indications particulières.
Répartition : toute la France.
Nature du sol : frais et assez profond, de préférence argilo-siliceux.

Le pin sylvestre, pour mésanges noires et huppées.

Venus d'ailleurs

Ces arbres d'origine étrangère, bien implantés en Europe, peuvent présenter un certain intérêt, surtout alimentaire, pour les oiseaux :

- Liquidambar : chardonneret, tarin.
- Sophora : pigeon ramier, étourneau.
- Robinier faux-acacia : pigeon ramier, gobe-mouche gris (poste de guet).
- Noisetier de Byzance : pics, sittelle, corneille.
- Plaqueminier (arbres à kakis) : merle, grives, étourneau.

Mort ou vivant !

Vivant, l'arbre est un trésor de bienfaits pour bien des oiseaux, comme on l'a vu dans les pages précédentes. Mais il se trouve, aussi surprenant cela puisse-t-il sembler, que l'arbre mort (ou dépérissant) leur est également très profitable. Comment expliquer cet apparent paradoxe ?

La vie en vers

Le bois mort est le refuge d'insectes xylophages (consommateurs des fibres du bois) particulièrement appréciés par les pics, notamment l'épeiche mais aussi l'épeichette et même le vert. La sittelle s'y intéresse également.

Corneille et buse sur un arbre mort...

Sous l'écorce

Les oiseaux qui sont incapables de fouiller profondément le bois mort peuvent se contenter de prospecter les écorces soulevées (qu'ils finissent parfois d'arracher pour mieux déloger les proies). C'est ce que font la sittelle, les pics épeiche et épeichette, ou le grimpereau des jardins.

Un poste de guet

Beaucoup d'oiseaux adorent se poser dans les arbres morts, surtout s'il leur reste peu de branches. Ils peuvent ainsi bien voir les dangers éventuels et repérer plus facilement des proies (insectes volants ou au sol, ou petits rongeurs dans l'herbe).

Bien à l'abri

Enfin, les arbres morts ou dépérissants au tronc creux (voir encadré ci-dessous) ou dont le bois se prête aisément au forage sont d'incomparables pourvoyeurs de sites de nidification pour les pics, la sittelle, le rougequeue à front blanc, le gobemouche gris, l'étourneau ou la chouette hulotte.

Sécurité avant tout !

Il va de soi qu'un arbre mort présentant un danger ne pourra être conservé – on peut toutefois prolonger son « existence » en l'allégeant de la plupart de ses branches. Il faut cependant savoir qu'un arbre creux reste remarquablement résistant (pour preuve les arbres dits remarquables, plusieurs fois centenaires, et si creux que l'on y a installé des chapelles...) surtout si l'on évite de boucher le trou qui se serait formé : ce serait le meilleur moyen de favoriser la fragilisation de l'arbre par des champignons. Mieux vaut laisser les courants l'assainir.

Arbustes, arbrisseaux et buissons

On trouvera ici des végétaux dont certains ressemblent à des arbres ou en sont, sans toutefois atteindre, en général, le développement de ceux présentés au fil des pages précédentes. Ils ont été regroupés avec les arbustes, plus modestes, et les arbrisseaux dont il ne faut pas oublier qu'ils peuvent être d'utiles compléments, voire des éléments plus fondamentaux dans les jardins de taille modeste. Comme pour les arbres, il s'agit d'une sélection reposant sur les atouts que présentent ces végétaux par rapport aux oiseaux. Les plus importants ont été détaillés, les autres ne sont que brièvement évoqués.

Le clan des champions

Si vous devez vous limiter dans vos choix, voici les plantes que vous devriez privilégier pour obtenir un double résultat : le contentement des oiseaux et votre propre satisfaction en le constatant !

Aubépine (arbuste épineux)

Pourquoi ? : ses fruits sont appréciés de nombreux oiseaux. C'est un bon support de nid et un abri.

Remarques : il existe deux aubépines « sauvages », la commune et la monogyne qui, toutes deux, font l'affaire. Il faut éviter en revanche les aubépines du commerce à fruits certes décoratifs mais trop gros.

Houx (petit arbre)

Pourquoi ? : les baies restent en place longtemps, surtout si elles sont « défendues » par un ou plusieurs oiseaux (merle ou grive) qui estiment en être le « propriétaire ».

Remarques : certaines variétés proposées dans le commerce ont des fruits trop gros pour présenter un intérêt pour les oiseaux.

If (arbuste ou arbuste arborescent)

Pourquoi ? : les arilles rouges qui entourent la graine sont irrésistibles pour les merles et les grives, notamment les visiteuses hivernales que sont la litorne et la mauvis. L'étourneau et le rougegorge en sont également friands.

Remarques : la toxicité de l'if pour les chevaux est bien connue : évitez donc d'en planter si ces animaux fréquentent le secteur.

Lierre (plante ligneuse grimpante)

Pourquoi ? : il apporte abri (au printemps pour les premiers nicheurs, et en hiver, quand les feuillages manquent) et nourriture (durant la mauvaise saison).

Remarques : certes, il est envahissant mais, contrôlé, quel précieux apport pour les oiseaux du jardin !

Prunellier (arbuste épineux)

Pourquoi ? : l'entrelacs des rameaux épineux est un abri sûr pour les passereaux, de même qu'un bon support de nid. Les bourgeons plaisent au bouvreuil, le nectar des fleurs aux fauvettes, les fruits ratatinés conviennent aux merles et grives, et l'amande du noyau satisfait le grosbec, armé pour y accéder (ne l'a-t-on pas nommé « casse-noyaux » !).

Remarques : isolé, le prunellier convient bien, surtout dans un petit jardin. Il est parfait dans une haie mixte.

Pyracanthe, ou buisson ardent (arbuste épineux)

Pourquoi ? : la profusion de baies rouges ou orange attire irrésistiblement les merles et les grives, notamment.

Remarques : il est recommandé de ne pas planter les pyracanthes en haies monospécifiques pour éviter la monotonie et parer à d'éventuels problèmes de maladies qui affecteraient d'un coup toute la haie en question.

Ronce (arbrisseau épineux)

Pourquoi ? : c'est un excellent support de nid ou abri. Les mûres sont consommées par plusieurs espèces et les feuilles restant en partie en place en hiver servent d'abri à des insectes que peuvent consommer certains oiseaux comme les pouillots et les roitelets.

Remarques : la ronce doit être sévèrement contrôlée. Il suffit qu'on ait le dos tourné pour qu'elle se croie chez elle !

Sorbier (grand arbuste/arbre)

Pourquoi ? : les sorbes sont un mets de choix pour les merles et les grives. La floraison attire des insectes, proies potentielles pour certains oiseaux.

Remarques : le sorbier supporte bien l'altitude.

Sureau noir (arbrisseau)

Pourquoi ? : c'est LE végétal que les amateurs d'oiseaux se doivent d'installer ou de favoriser dans leur jardin, tant les oiseaux sont friands de ses baies juteuses de fin d'été dans lesquelles certains puisent des réserves énergétiques indispensables à l'effort requis par la migration automnale.

Remarques : il arrive souvent que le sureau apparaisse dans un jardin où une graine aura été déposée par un oiseau dans une fiente tombée sous son perchoir.

Précautions

Renseignez-vous sur les dispositions sanitaires relatives au « feu bactérien », qui réglementent la plantation d'espèces comme l'aubépine, le prunellier, l'épine-vinette (berbéris) ou le pyracanthe dans certaines régions.

Les autres plantes

Voici une liste d'autres plantes intéressantes. À noter : par « fruits durables », il faut entendre ceux qui restent longtemps en place en raison de leur chair ferme.

- **Alisier blanc** (alouchier ou allouchier) (arbre) : fruits durables.
- **Alisier torminal** (arbuste/petit arbre) : fruits durables.
- **Amélanchier en épi** (arbuste d'origine américaine) : fruits durables.
- **Argousier** (arbrisseau) : fruits durables.
- **Bourdaine** (arbrisseau) : fruits durables.
- **Cerisier mahaleb** (arbuste) : fruits, nectar.
- **Cornouiller** (deux espèces) (arbuste) : fruits durables (étourneau, merle et grives).

• **Cotonéaster** (plusieurs espèces) : fruits durables.

• **Églantier** (arbuste) : fruits (cynorrhodons) durables.

• **Épine-vinette** (ou berbéris) (arbrisseau) : fruits durables.

• **Érable champêtre** (arbuste/petit arbre) : samares (graines) ; support de nid ; les insectivores (pouillots, roitelets, mésanges...) trouvent des proies dans le feuillage ; parfait pour les petits jardins, d'autant qu'il supporte bien la taille.

• **Fusain** (arbuste) : fruits durables (rougegorge, merle, fauvette à tête noire, mésange charbonnière...).

• **Genévrier** (arbuste) : fruits durables (grive draine, merle) ; support de nid (mésange à longue queue).

• **Gui** (sous-arbrisseau) : fruits relativement durables.

• **Laurier-tin** (arbuste) : fruits durables.

• **Merisier à grappes** (arbuste/petit arbre) : fruits en été (grives, merle, rougegorge, fauvette à tête noire) ; nectar.

• **Merisier** (arbre) : fruits en fin de printemps et début d'été (grives et merle) ; nectar.

• **Nerprun** (arbrisseau/arbuste) : fruits durables (merle, grives, étourneau).

• **Noisetier** (arbuste) : fruits (pic épeiche, sittelle).

• **Pommier sauvage** (arbuste/petit arbre) : fruits, jusqu'en février (merle, grives, rougegorge).

• **Rosier rugueux** (arbuste) : fruits (cynorrhodons) durables (verdier).

• **Saule** (arbuste) : plusieurs espèces, dont le saule marsault ; fleurs (tôt en saison) et feuilles attirent les insectes capturés, notamment, par les pouillots (dont les migrateurs).

• **Troène** (arbrisseau) : fruits (merle, rougegorge, grive musicienne) ; support de nid (surtout si la taille favorise l'apparition d'enfourchures).

À savoir

Planter des végétaux à baies ou à drupes (par simplification, nous parlerons ici de « fruits », en ignorant volontairement les subtilités botaniques) dans le but d'attirer les oiseaux, c'est accepter de les voir dépouillés de leur parure colorée, surtout en cas de coup de froid. Dans ce cas, même les fruits jusque-là dédaignés trouvent preneurs – les cotonéasters, par exemple, et surtout les variétés tapissantes (*Cotoneaster horizontalis*) sont souvent les derniers à garder leurs petites billes rouges.

Le fusain, élément d'un jardin nourricier.

Relation entre quelques oiseaux et certains végétaux intéressants

	Lierre	Houx	Gui	Sureau	Aubépine	If	Sorbier	Ronce	Pyracanthe	Églantier
Bouvreuil pivoine*				•			• •	•		
Étourneau sansonnet	• •			• • •	• •	• • •	• •	• • •	•	
Fauvette à tête noire	•	•	• •	• •			•	•		•
Grive draine	•	• • •	• • •		• •	• • •	• •		• •	•
Grive litorne	•	• •			• • •				•	• • •
Grive mauvis	•	• • •	•		• • •	• •			• •	•
Grive musicienne	• •	• •	•	• •	• •	• • •	•	•	• • •	•
Merle noir	• • •	• • •	•		• • •	• • •	• • •	• •	• • •	• • •
Mésange bleue*					• •		•	• •		•
Pigeon ramier	• •	•		•	•			• •		•
Rougegorge familier	•	•	•	• •	•	•	•		•	•
Verdier d'Europe						• •			•	• •

Les oiseaux suivis d'un * sont des consommateurs de « graines », les autres se contentent de consommer la partie charnue des fruits dont ils favorisent ensuite la dispersion en déposant les « graines » contenues dans leurs fientes.

Les herbes folles

Nous touchons là un point crucial, car c'est bien sur ce terrain que s'établit la frontière entre ceux qui font tout pour accueillir les oiseaux chez eux, et ceux qui font passer avant quelques principes, souvent profondément ancrés jusque dans l'inconscient, tels que la lutte contre les mauvaises herbes, le refus de la perte de contrôle sur la nature envahissante et, surtout, le goût pour la « propreté ». Le « ça fait propre » est l'un des plus terribles ennemis de la biodiversité en général et des oiseaux en particulier, et pas seulement au jardin !

L'excès nuit en tout

Il n'est pas question de vous inciter à laisser votre jardin à l'abandon, en proie aux fameuses « mauvaises herbes » ! Il s'agit de faire en sorte que soit laissée une (petite) place à des végétaux qui sont utiles aux oiseaux – et par la même occasion aux insectes, dont les papillons, de moins en moins nombreux. Pour plus de détails, reportez-vous aux pages pratiques situées à la fin de chacune des parties traitant des différentes catégories d'oiseaux visibles au jardin (voir pp. 48, 61-62, 95 et 107). Vous y verrez comment faire pour accueillir chez vous des herbes folles sans pour autant risquer d'être envahies par elles.

Les bonnes « mauvaises herbes »

Outre les qualités, bien réelles, que nombre d'entre elles peuvent avoir pour notre usage, qu'il s'agisse de gastronomie ou de bien-être, les herbes folles – je préfère les nommer ainsi – offrent aux oiseaux des ressources d'autant plus précieuses qu'elles ont tendance à se raréfier en raison de la guerre qui leur est faite depuis si longtemps. Ce sont souvent les graines de ces végétaux qui sont prélevées, tantôt à même la plante (par le chardonneret, notamment, le serin cini ou le moineau friquet), tantôt au sol. Mais ces plantes peuvent aussi être consommées à l'état de plantules (dans un jardin parisien, j'ai vu ainsi des ramiers consommer, d'un bec précis, les plantules de séneçon qui venaient de lever entre les asters des plates-bandes) à moins que ce n'en soit les feuilles ou les bourgeons qui soient prélevés.

Un peu de courtoisie

Si votre jardin est entouré d'autres jardins soigneusement entretenus, où les « mauvaises herbes » sont absolument proscrites, n'allez pas vous mettre à dos vos voisins en passant pour celle ou celui qui leur envoie les graines de ces « saletés » ! Contentez-vous des plantes basses, moins susceptibles d'être propagées par le vent ou, du moins, plus discrètes que, par exemple, les cirses. Arrangez-vous pour que « sous le vent » de vos herbes folles se trouve une haie ou des buissons de nature à freiner la dispersion des graines à propagation aérienne.

Mini-catalogue des herbes folles

Comme avec les arbres ou les arbustes, il existe un palmarès des herbes folles selon l'intérêt qu'elles présentent pour les oiseaux. Dans le groupe de tête, on trouve le pissenlit (chardonneret, pinson...), les renouées et les mourons (diverses espèces dont le verdier), les cirses (chardonneret), la fumeterre (tourterelle des bois, en tout premier lieu) ou les chénopodes et arroches. On peut aussi citer le séneçon, la mercuriale (verdier), les centaurées, les chicorées, les armoises (moineau friquet), les diplotaxis ou « roquettes » (serin cini) et la bourse-à-pasteur, sans oublier les plantains. Les graminées, que l'on retrouve bien sûr dans la pelouse, peuvent aussi être mentionnées (comme les pâturins, par exemple, pour ne citer qu'eux).

La cardère mérite une mention spéciale. Non seulement elle offre ses graines aux passereaux, dont le chardonneret, mais elle leur procure aussi de l'eau en retenant la pluie à l'aisselle de ses larges feuilles enveloppant la tige, ce qui lui a valu le nom poétique de cabaret-des-oiseaux.

Et la pelouse ?

La pelouse est un élément quasiment indissociable de la notion même de jardin. On peut s'en satisfaire ou le déplorer, mais le fait est là. Ce qui nous intéresse en fait ici, c'est l'incidence que cela peut avoir sur les oiseaux.

Sa composition

Pour être franc, le gazon « anglais », la moquette uniforme, ne présente quasiment

Signal d'alarme

Si la tolérance est de mise dans cette partie consacrée aux herbes folles, elle a toutefois ses limites s'agissant d'une authentique ennemie, qui est à présent dénoncée dans plusieurs départements : l'herbe de la pampa, *Cortaderia selloana*, originaire d'Argentine.

Cette graminée, très à la mode depuis quelques décennies, semble un peu moins prisée ces derniers temps, justement parce que ceux qui l'avaient accueillie ont sans doute fini par prendre conscience de ses défauts. Tant qu'elle reste dans le jardin, il n'y a pas trop de mal, mais le problème, c'est qu'elle n'y reste pas ! Grâce à ses graines emportées par le vent, elle ne demande qu'à envahir les espaces herbeux où elle règne en maîtresse, ne tardant pas à prendre la place des espèces locales, ce qui est particulièrement grave lorsque cette propagation touche des espaces naturels, notamment s'ils sont protégés en raison de leur fragilité écologique. L'herbe de la pampa n'apporte pour ainsi dire rien à aucun animal. Pire, elle présente des principes allergisants pour l'homme (irritations de la peau par contact avec les feuilles coupantes, et des voies respiratoires via le pollen) et se montre extrêmement résistante, donc très difficile à éradiquer, au point qu'il faut recourir à des engins de terrassement pour la déloger !

Le mieux est donc de s'en débarrasser par déterrage et incinération, surtout si le jardin donne sur la campagne avoisinante.

Pour connaître les espèces envahissantes en Provence-Alpes-Côte d'Azur, rendez-vous sur ce site : www.rrgma-paca.org/docs/infos/docs/20070118_TabEE.pdf

Quant aux plantes invasives en presqu'île de Crozon, vous en trouverez la liste détaillée sur le site : www.comcom-crozon.com/wpFichiers/1/1/Ressources/File/Les%20plantes%20invasives.pdf

Une adepte de l'herbe rase : la grive musicienne.

aucun intérêt pour les oiseaux. Ainsi, un mélange composé de deux ou trois fétuques et de ray-grass, avec ou sans agrostis, ne leur apportera rien ou presque, surtout s'il est maintenu très ras. Ce qui leur convient, c'est la variété des végétaux constitutifs de la pelouse. Sur terrain nu, on peut donc envisager de commencer à installer un mélange rustique couvrant mais en n'ayant pas ensuite pour objectif le maintien des seules graminées initiales. En d'autres termes, on laisse la nature reprendre ses droits en totalité ou en partie. Si la pelouse existe déjà, contentez-vous de l'accompagner, en évitant par exemple qu'un trèfle ne prenne le dessus – si cela convient aux bourdons, cela n'est utile qu'à très peu d'oiseaux du jardin. Il faut également lutter contre la mousse qui devient trop envahissante.

D'un point de vue ornithologique, il est clair que la pelouse souhaitable est celle où les graminées voisinent avec certaines des plantes citées dans ce chapitre, comme les pissenlits, les mourons ou les plantains.

Le problème de la tonte

Le green de golf n'a qu'un seul avantage : il permet de bien voir les oiseaux qui s'y aventurent ! L'herbe haute, elle, repousse la plupart des oiseaux du jardin qui considèrent qu'ils n'y seraient pas en sécurité, la vue y étant limitée. Le moyen terme est finalement la solution. L'herbe pas trop haute permet aux merles ou aux grives de trouver des vers dans le sol, ou aux rougegorges d'y capturer des insectes. La tonte quelque peu différée permet en outre aux végétaux cités plus haut de monter à graine, pour le plus grand bénéfice des granivores.

Couper la poire en deux

Si tout ce qui vient d'être exposé et conseillé vous semble par trop contraignant ou incompatible avec votre conception du jardin en général ou de la pelouse en particulier, tout n'est pas perdu. La solution consiste peut-être à laisser une certaine proportion des surfaces enherbées un peu plus « naturelles », en y intervenant moins souvent et en y laissant prospérer une variété végétale plus marquée. Cela peut être fait dans une partie du jardin moins en vue.

De l'eau !

Un jardin sans eau est nettement moins attractif pour les oiseaux. Les propriétaires de jardins traversés par un ruisseau ou longés par un cours d'eau voient le problème résolu. Pour les autres, il existe des solutions simples ou plus élaborées, convenant pour les jardins de toute taille.

De l'eau pour quel usage ?

Les oiseaux ont besoin d'eau pour deux raisons. La première semble à priori évidente : boire ! Certains oiseaux boivent en effet très régulièrement, d'autres plus occasionnellement, et d'autres encore, pas du tout. Les passereaux granivores boivent beaucoup, surtout quand ils consomment des graines sèches. Les pigeons et les tourterelles se désaltèrent également volontiers. Les insectivores, eux, disposent en général d'assez d'eau dans leurs proies pour pouvoir se dispenser de boire ou en tout cas de le faire fréquemment.

La seconde utilisation de l'eau, le bain, concerne davantage d'oiseaux. Rares sont ceux qui à un moment ou à un autre ne viennent pas se tremper dans une flaque, une mare ou un cours d'eau. C'est l'un des moyens d'entretenir le plumage et de tenter de se débarrasser d'éventuels parasites cachés entre les plumes.

La solution de simplicité

Pas besoin d'installations compliquées et coûteuses pour mettre de l'eau à la disposition des oiseaux dans son jardin. Un simple bain d'oiseaux peut suffire. Posez-le un peu en hauteur sur un support quelconque (poteau, colonne, grosse pierre, mur...) ou bien à terre. Dans ce cas, évitez de le placer à proximité de buissons dans lequel un chat pourrait se tapir, mais prenez soin de choisir une situation où des arbustes permettront aux oiseaux d'aller se poser pour un séchage et une toilette du plumage. Ce dernier, alourdi par l'eau, rend le vol plus malhabile, d'où la nécessité de refuges assez proches.

L'eau doit être régulièrement renouvelée.

Hiver comme été !

On pourrait penser que les oiseaux qui boivent le font surtout en été, lorsque la chaleur les accable. Pourtant, s'il est vrai que le besoin de se désaltérer est lié à la chaleur, il faut tenir compte du fait que l'eau est une nécessité vitale, même en hiver. C'est même par temps très froid, lorsque flaques, mares et ruisselets sont gelés, qu'il devient aussi ardu de trouver de l'eau que lorsque la canicule la fait se raréfier. Une aide est alors, autant qu'en été, la bienvenue.

Si le bain d'oiseaux est placé au sol, on peut se contenter d'un récipient de fortune, que l'on enterrera de manière à laisser le bord affleurer à ras de terre.

Dans tous les cas, le bain d'oiseaux sera en pente douce et sa profondeur maximale pourra être modérée, de l'ordre de quelques centimètres. Si le récipient dont vous disposez est assez grand et relativement profond, prenez soin de placer quelques pierres en son centre, pour offrir aux oiseaux une « planche de salut ».

Un entretien indispensable

Un bain d'oiseaux doit être l'objet d'une attention régulière. Il faut changer l'eau aussi souvent que nécessaire, surtout en été. En cas de gel, retardez un peu la prise en mettant de l'eau tiède, mais surtout jamais d'alcool ou tout autre produit !

Des installations plus ambitieuses

Si l'on de la place, du temps et quelques moyens, on peut envisager de creuser une mare dont le fond sera constitué d'une bâche plastique. Elle pourra attirer non seulement les oiseaux mais aussi les insectes aquatiques (libellules) et les amphibiens (prédateurs des larves de moustiques...). Avant de se lancer dans une telle entreprise, il faut toutefois réaliser que ce n'est pas une mince affaire et envisager le projet dans la durée. Si l'on a bien pris en compte toutes les contraintes, ce sera une réussite. Dans le cas contraire, la mare risque de se transformer en trou d'eau bourbeuse sans aucun intérêt, envahie par la végétation... La clé du succès consiste à pouvoir bénéficier d'une alimentation, même minime, en eau courante ou d'installer une pompe électrique favorisant l'oxygénation de la pièce d'eau (de petite taille).

Pour tout savoir sur la création d'une mare, rendez-vous sur ce site : www.les-mares.com/html/creation/creationmare.php

Le bain d'oiseaux : joindre l'utile à l'agréable...

Les oiseaux du jardin

L'expression « les oiseaux du jardin » est certes pratique mais sans doute un peu trop générale et impersonnelle. Mieux vaudrait peut-être parler des « oiseaux de votre jardin », car ce sont bien eux qui vous intéressent ! Les pages suivantes sont destinées à vous permettre d'en dresser l'inventaire tout en découvrant l'importance que saisons et cycles ornithologiques ont sur les oiseaux qui acceptent de vivre auprès de vous. Modeste ou plus étoffée, cette liste présente l'indiscutable intérêt d'être « votre » liste. À vous de la compléter en mêlant patience et sens de l'observation.

Ci-contre : mésange charbonnière (voir pp. 81-82).

Présentation des oiseaux du jardin

Il existe des oiseaux que leur comportement et leurs exigences écologiques rendent davantage susceptibles de fréquenter les jardins. Certains vont jusqu'à choisir d'y installer leur nid. À côté de ces « spécialistes » plus ou moins affirmés, il existe un large éventail d'espèces qui se rencontrent dans les jardins à des degrés divers.

Le noyau dur

C'est celui constitué des oiseaux que chacun s'attend, selon un schéma apparemment bien ancré dans l'inconscient collectif, à voir dans son jardin. Il est d'ailleurs symptomatique qu'ils soient connus, ne serait-ce qu'à travers leur nom. La mésange charbonnière, la mésange bleue, le rougegorge, le pinson, le merle ou la grive comptent parmi ces « familiers ». Ils vivent au jardin, s'y nourrissent, y chantent, y séduisent un(e) partenaire, s'y reproduisent et y meurent. Beaucoup de ces espèces sont visibles toute l'année ou presque dans la grosse majorité des régions même si, comme on le verra plus loin, ce ne sont pas les mêmes individus qui sont visibles au fil des mois, à part pour une petite poignée de sédentaires déclarés.

Les oiseaux saisonniers

Cette catégorie rassemble les oiseaux dont la présence au jardin n'est pas continue. Ils ne s'y rencontrent qu'à des périodes de l'année bien déterminées. Schématiquement, il s'agit des oiseaux de la belle saison, présents de février à octobre, et de ceux de l'hiver, observables entre septembre ou, plus souvent, octobre, et jusqu'en mars ou avril pour les plus tardifs.

Les visiteurs de passage

Avec eux, la caractérisation est plus floue. Ce sont à la fois des oiseaux que leur écologie ne retient pas au jardin en temps normal mais qui lui accordent une visite de loin en loin, à l'occasion de leurs déplacements et activités diverses, et d'autres espèces dont la présence est plus ou moins régulière en fonction du calendrier des migrations. Parmi les premiers peuvent

Combien d'oiseaux au jardin ?

Dans le petit jardin d'un pavillon de banlieue, on peut espérer totaliser une petite douzaine d'espèces (sans compter celles que l'on pourra voir passer en vol). Un jardin assez étendu, situé au contact de la campagne environnante dans une région intéressante, recevra la visite de plusieurs dizaines d'espèces. Si l'on inclut les oiseaux vus depuis le jardin, posés comme en vol, on peut espérer finir par comptabiliser une bonne centaine d'espèces dans bien des régions de France.

Une femelle de pinson des arbres, peut-être seulement de passage.

figurer des oiseaux comme l'épervier ou le pic épeiche, tandis que les seconds sont, par exemple, le pouillot fitis, la fauvette grisette ou encore le loriot.

Les hôtes de marque

Ce sont les oiseaux dont la présence est inattendue, voire exceptionnelle. Ils sont la garantie d'une accélération du pouls, proportionnelle à leur rareté. Ici ce sera une huppe sur la pelouse, vue pour la première fois, là un sizerin de passage dans les bouleaux du fond du jardin, ailleurs un faucon hobereau brièvement perché au sommet d'un grand arbre ou même, incroyable mais vrai, un hibou grand-duc venu capturer un lapin imprudent dans un jardin méridional, pour la plus grande joie du propriétaire des lieux... Parmi les authentiques raretés peuvent figurer un pouillot à grands sourcils (sibérien) ou un bruant à gorge blanche (américain) – le seul représentant pour la France de cette dernière espèce a été vu dans un jardin !

Et au-delà du jardin ?

Ce n'est pas parce que l'on a un jardin que l'on doit avoir constamment le nez dans ses plates-bandes ni même l'œil uniquement rivé sur ses arbustes et les oiseaux qui s'y perchent ! Il n'est pas interdit, loin de là, de porter son regard plus loin et, surtout plus haut ! Le ciel est un joli réservoir d'oiseaux, surtout à l'époque des migrations, et plus particulièrement encore au moment de la migration automnale. Ainsi, la liste des oiseaux vus au jardin peut-elle être complétée par celle des oiseaux vus en vol au-dessus du jardin. De même, on peut dresser la liste des oiseaux que l'on a pu observer depuis son jardin, posés plus ou moins loin. Identifier les uns et les autres, c'est se faire plaisir, bien sûr, car le contentement de l'amateur d'oiseaux croît d'ordinaire en proportion de ses observations. C'est aussi se faire une idée des oiseaux des environs, qui pourraient bien, un jour l'autre, se présenter au jardin. Là, on touche l'indispensable part de rêve qui vit en chacun de nous...

Des oiseaux et des saisons

Le rythme saisonnier est un élément fondamental à prendre en considération lorsque l'on veut s'intéresser un peu sérieusement aux oiseaux. Autrefois, les paysans étaient intimement conscients de cette succession des saisons, bien plus que nous ne le sommes à présent, maintenant que plus de trois Français sur quatre sont devenus urbains...

Il y a saison et saison

L'année ornithologique n'est pas découpée comme l'est classiquement l'année. Le printemps peut ainsi débuter dès le mois de février, surtout dans le Midi. L'été n'existe pas vraiment, car l'automne, qui peut commencer dès le mois de juillet, suit en fait immédiatement la période de nidification. Quant à l'hiver, selon les espèces et les années, il peut commencer dès novembre ou seulement en janvier, avec l'arrivée d'oiseaux nordiques ou « orientaux ».

C'est pour cela que j'ai préféré recourir souvent à l'expression « la belle saison », qui englobe en réalité le printemps et le début de l'été, tandis que le terme « hiver » peut parfois être une solution commode pour désigner le pendant de la belle saison, et déborder en fait sur l'automne officiel.

Le calendrier des oiseaux

L'hiver est loin d'être une saison désolante d'un point de vue ornithologique – surtout si l'on a pris soin d'installer une mangeoire. Certes, nos migrateurs sont partis profiter ailleurs d'un soleil généreux, mais il nous reste les sédentaires, les hôtes de passage et les hivernants. Le printemps, dès début mars mais surtout en avril et mai, est une saison merveilleuse où migration et nidification se succèdent ou se chevauchent en partie, offrant de multiples opportunités de rencontres avec des espèces variées. C'est aussi, bien sûr, l'époque des chants. Juin, puis juillet, voient les choses se calmer progressivement, même si une certaine animation subsiste en raison de la présence des jeunes oiseaux. Août a tendance à être la morte saison, mais cela ne dure guère, car dès le milieu ou la fin du mois, les migrateurs se manifestent et ce jusqu'en octobre, voire novembre. La jonction avec l'hiver est alors proche et le cycle peut recommencer.

Un statut à géométrie variable

Si l'on excepte les migrateurs qui nous quittent en automne et reviennent au printemps (hirondelle rustique ou gobemouche gris) et ceux qui, au contraire, ne viennent chez nous qu'en hiver (grive mauvis ou pinson du Nord), on trouve au fil de l'année des oiseaux qui n'ont pas le même statut bien qu'ils appartiennent à une

Même rude, l'hiver ne condamne pas la mésange bleue à l'exil.

même espèce. C'est une réalité complexe qui oblige le néophyte à revenir sur des certitudes reposant sur une vision simplificatrice de la nature et des oiseaux.

Par exemple, les mésanges bleues qui se sont reproduites dans le nichoir seront peut-être rejointes, en octobre, par des congénères venues du nord qui ne seront que de passage ou qui resteront un certain temps, pourquoi pas jusqu'en février ou mars. Quant à celles du nichoir, les adultes resteront peut-être sur place ou dans les environs immédiats, à moins qu'elles ne décident de voir un peu de pays, surtout si la région devient peu hospitalière en hiver. Les jeunes, eux, vont sans doute faire un petit bout de chemin sans direction vraiment déterminée mais plutôt dans l'idée de se trouver un territoire pour le printemps prochain.

Autre exemple avec la fauvette à tête noire, une espèce commune que l'on retrouve souvent dans les jardins. Un même jardin peut héberger une fauvette arrivée au printemps, nichant sur place et qui repartira discrètement dans le courant de l'été, ou un oiseau de passage lors de la migration de printemps ou d'automne, ou encore, pour peu que du gui soit présent, un individu qui arrivera en décembre et repartira en février. Si l'on n'est pas averti, on pourrait penser que l'on a toujours affaire au même oiseau : il n'en est rien...

Des saisons et des lieux

Dans les pages qui suivent, les oiseaux ont été répartis en plusieurs catégories, selon qu'ils sont présents uniquement à la belle saison, seulement en hiver, toute l'année ou encore plutôt à l'époque des migrations, c'est-à-dire au printemps et à l'automne. Cette répartition, adoptée dans un souci de simplification permettant de mieux appréhender le calendrier ornithologique, doit être modulée en tenant compte des particularités liées à la géographie.

Les visiteurs de la belle saison

On les attend avec une impatience croissante au long de l'interminable hiver. Quel plaisir, intact printemps après printemps, de découvrir la première hirondelle, d'entendre à nouveau les délicieuses strophes de la fauvette à tête noire ou de surprendre le retour du pouillot véloce ! Profitons de leur présence durant les quelques mois qu'ils nous accordent.

Les espèces

Fauvette à tête noire

Ordre : passériformes (passereaux).

Famille : sylviidés (fauvettes, pouillots...).

Taille : celle du moineau.

Où la trouver : à la belle saison, dans toute la France, Corse comprise ; en hiver, elle est absente d'un grand quart est et d'une partie du Sud-Ouest.

Estimation de la population : 10 millions de couples environ, auxquels s'ajoutent de nombreuses migratrices, surtout en automne, et des hivernantes.

Le mâle fauvette et son bonnet noir.

Période de présence : là où elle n'hiverne pas, elle arrive dès février ou mars et repart en septembre ou octobre.

Préférences écologiques : buissons, haies, arbustes et arbres (essentiellement les feuillus), vergers.

Où l'observer : volontiers dissimulée dans la végétation, elle peut se laisser observer quand elle chante perchée bien en vue ; en fin d'été et en automne, elle recherche les arbustes à baies où on peut alors l'observer facilement.

Aspects comportementaux : assez farouche ; chant flûté et mélodieux retentissant fréquemment d'avril à juin ; cris fréquents, secs et brefs, « tèc ! », souvent répétés ou enchaînés sous l'effet de l'inquiétude.

Nourriture : insectes, araignées, baies (en hiver, raffole de celles du gui), fruits.

Nid : coupe d'éléments végétaux cachée dans une haie, un arbuste, une plante grimpante.

Bon à savoir

Un sureau offre la garantie de voir des fauvettes à tête noire fréquenter le jardin une fois les baies mûres !

Gobemouche gris à l'affût.

Gobemouche gris

Ordre : passériformes (passereaux).

Famille : muscicapidés (gobemouches).

Taille : celle du moineau.

Où le trouver : il est présent dans une bonne partie de la France, Corse comprise ; il manque dans certaines régions de la moitié est du pays, près de la Méditerranée et dans une zone au nord de l'estuaire de la Gironde.

Estimation de la population : de 200 000 à 800 000 couples.

Période de présence : migrateur tardif, il ne revient qu'à la mi-avril ou qu'en mai ; repart entre août et septembre, voire octobre.

Préférences écologiques : arbustes, haies, arbres, vergers entourés d'espaces dégagés permettant la chasse aérienne.

Où l'observer : il affectionne les arbres assez grands dotés de branches dégagées sur lesquelles il peut se poster pour guetter les insectes. Il se perche aussi sur des arbustes, des poteaux, des piquets ou des fils (ceux de l'étendoir à linge comme ceux destinés au palissage, par exemple).

Aspects comportementaux : assez peu farouche ; il chasse d'une manière bien reconnaissable, à l'affût sur un poste dégagé, avant de foncer sur une proie et de se reposer sur un perchoir, parfois celui-là même d'où il était parti ; cri fin mais pénétrant, « tsit », souvent répété.

Nourriture : insectes volants (mouches, libellules, coléoptères), quelques baies.

Nid : coupe peu soignée posée dans une cavité à large ouverture, d'arbre ou de mur, ou parfois sur une plante grimpante.

Bon à savoir

C'est sans doute l'un des oiseaux du jardin les plus fascinants à voir évoluer dans le ciel tant sont remarquables la souplesse et la grâce de son vol.

Hirondelle rustique

Ordre : passériformes (passereaux).

Famille : hirundinidés (hirondelles).

Taille : un peu inférieure à celle du moineau mais longue queue effilée.

Où la trouver : dans toute la France, Corse comprise.

Estimation de la population : de 1 à 3 millions de couples.

L'hirondelle rustique et ses petites pattes.

Période de présence : de retour d'Afrique en mars (parfois dès février) ; départs (et passages de migrateurs) notés entre août et fin octobre ou début novembre (quelques cas d'hivernage sont régulièrement constatés, principalement le long de la façade atlantique).

Préférences écologiques : zones dégagées (notamment prairies et pelouses), abords des pièces d'eau, pour la chasse ; bâtiments pour la nidification.

Où l'observer : en vol, partout ! Elle se pose sur les fils aériens, les clôtures, les chéneaux, les toits, parfois aussi sur les branches mortes dégagées.

Aspects comportementaux : très peu farouche ; elle niche à proximité immédiate de l'homme ; vol adroit, acrobatique et capricieux, souvent à hauteur modérée, voire très bas par temps lourd ; son chant est un gazouillis prolongé entrecoupé de « gzzzzzz » rêches.

Nourriture : exclusivement de petits insectes volants (mouches, moucherons...).

Nid : coupe de boue séchée, accrochée à une poutre ou différents autres supports, à l'intérieur des bâtiments (surtout étables, granges, appentis...) ; en Bretagne (notamment), elle peut nicher à l'extérieur, par exemple à l'angle entre le toit et un chien-assis.

Bon à savoir

L'hirondelle rustique est confrontée à la diminution des sites de nidification : la tolérer, c'est lui rendre un fier service !

Huppe fasciée

Ordre : coraciiformes (martins-pêcheurs, rolliers, guêpiers, huppes...).

Famille : upupidés (huppes).

Taille : entre celle du merle et du pigeon.

Où la trouver : présente dans la majeure partie du pays, Corse comprise. Elle manque notamment dans le nord de la Bretagne ainsi qu'entre les départements du Loiret et du Nord.

Estimation de la population : de 20 000 à 30 000 couples, auxquels s'ajoutent des migratrices (effectif inconnu).

Période de présence : arrive entre janvier (dans le Midi) et avril. Elle repart avant mi-octobre (de rares cas d'hivernage sont recensés, dans le Midi essentiellement).

Préférences écologiques : espaces dégagés, herbeux ou non (y compris les pelouses, surtout si la terre a été ameublie par des arrosages ou la pluie), avec arbustes, arbres, murs de pierre sèche, ruines ou bâtiments et les vergers.

Où l'observer : au sol ou perchée, en général à faible hauteur, sur un mur, un tas de pierres ou dans un arbre.

Aspects comportementaux : assez peu farouche, elle passe beaucoup de temps à terre. La huppe, déployée ou non, est le baromètre des émotions de l'oiseau. Son chant, aisément reconnaissable, est un « ou-pou-pou » sourd, rythmé et répété.

Nourriture : insectes, larves et vers, essentiellement trouvés dans le sol.

Nid : dans une cavité d'arbre ou de mur, un nichoir.

Bon à savoir

La huppe ne se remarque pas forcément quand elle se tient au sol, car son plumage se confond bien avec les herbes sèches ou la terre ; son envol surprend souvent et l'on a alors l'impression d'avoir affaire à un énorme papillon blanc et noir...

La huppe fasciée, un hôte de marque des jardins, notamment méridionaux.

Héberger une pie-grièche écorcheur (ici, mâle) est un authentique privilège.

Pie-grièche écorcheur

Ordre : passériformes (passereaux).

Famille : laniidés (pies-grièches).

Taille : un peu inférieure à celle du merle.

Où la trouver : dans une bonne partie de la France, Corse comprise, à l'exception d'une frange au nord-ouest et des régions bordant la Méditerranée, normalement plus abondante au sud de la Loire.

Estimation de la population : de 150 000 à 350 000 couples.

Période de présence : principalement de fin avril à fin août ou septembre.

Préférences écologiques : espaces herbeux dégagés, parsemés de haies, de buissons, d'arbustes ou d'arbres.

Où l'observer : le plus souvent perchée en évidence au sommet d'un buisson, d'un arbuste ou sur un piquet, un poteau ou un fil (aérien ou de clôture) ; le mâle, coloré, se repère bien plus aisément que la femelle.

Aspects comportementaux : farouche ; elle chasse à l'affût en se précipitant sur les proies repérées au sol ; elle peut empaler ses proies sur un arbuste épineux ou un fil barbelé pour constituer des réserves alimentaires ; chant gazouillé, peu sonore, comportant des imitations et des cris.

Nourriture : surtout des insectes ; lézards.

Nid : coupe peu soignée, placée dans un arbuste épineux.

Bon à savoir

La pie-grièche écorcheur n'est pas partout un oiseau des jardins, et a plutôt tendance à l'être dans les régions où les densités de l'espèce sont élevées ; elle préfère les jardins naturels (surtout s'ils donnent sur la campagne) où elle peut trouver les gros insectes dont elle se nourrit prioritairement. Héberger un couple de pies-grièches écorcheurs peut être considéré comme un privilège, car l'espèce tend à se raréfier.

Pouillot véloce

Ordre : passériformes (passereaux).

Famille : sylviidés (fauvettes et pouillots).

Taille : inférieure à celle du moineau.

Où le trouver : à la belle saison, presque dans toute la France, à l'exception des régions bordant la Méditerranée (en Corse, très localisé) ; en hiver, il disparaît du tiers nord-est du pays, du Massif central et d'une partie des Pyrénées (mais atteint la côte méditerranéenne et devient plus répandu en Corse) et se raréfie ou même manque ponctuellement dans les autres régions.

Estimation de la population : de 5 à 10 millions de couples, auxquels s'ajoutent de forts contingents de migrateurs ainsi que des hivernants ; une partie des nicheurs indigènes part hiverner en Espagne, Afrique du Nord ou Afrique sahélienne.

Le pouillot véloce : quelques grammes toujours en mouvement !

Période de présence : là où il n'hiverne pas, il est de retour dès février et jusqu'en mars ou avril ; repart entre mi-août et novembre, selon les régions.

Préférences écologiques : haies, buissons, arbustes, arbres (pour la quête de nourriture) ; zones herbeuses (pour la nidification).

Où l'observer : dans le feuillage des arbres et des arbustes, les haies et les buissons.

Aspects comportementaux : peu farouche ; sans arrêt en mouvement ; nerveux, il ne cesse de hocher la queue et d'entrouvrir spasmodiquement les ailes ; il peut voler sur place pour capturer une proie au bout d'une branche ; cri fréquent, un « huit ! » souvent répété à de multiples reprises ; chant stéréotypé, facile à reconnaître, consistant en l'émission d'une succession de notes dansantes, montant et descendant tour à tour, par exemple « tup-tip-tip-tiup-tip-tip ».

Nourriture : petits insectes, araignées.

Nid : bourse d'herbes, très bien dissimulée au sol, dans l'herbe.

Bon à savoir

Le pouillot véloce fait partie des espèces à statuts multiples : dans un même jardin, selon la région et l'époque, on pourra observer des pouillots nicheurs, puis des migrateurs et enfin des hivernants, à moins qu'ils ne disparaissent pour de bon durant la mauvaise saison – difficile de s'y retrouver !

Rossignol philomèle

Ordre : passériformes (passereaux).

Famille : turdidés (merles et grives).

Taille : celle du moineau.

Où le trouver : presque toute la France, Corse comprise. Il manque notamment dans la péninsule bretonne ainsi que dans le Cotentin et ses abords, et il est globalement mieux représenté au sud qu'au nord.

Estimation de la population : de 500 000 à 1 million de couples ; au printemps et à l'automne, passages de migrateurs aux effectifs inconnus.

Période de présence : de fin février (dans le Midi), mars ou avril à septembre.

Préférences écologiques : buissons, haies, arbustes et arbres ; il préfère les jardins naturels dotés d'une végétation basse exubérante dominée par quelques arbres.

Où l'observer : d'ordinaire extrêmement difficile à voir (ou à apercevoir), il est plus souvent entendu que vu...

Aspects comportementaux : assez farouche et surtout discret, il excelle à se faufiler dans la végétation touffue ; chant puissant, mélodieux et inventif, retentissant de jour comme de nuit ; cri râpeux évoquant presque un coassement de petit batracien.

Nourriture : insectes et baies.

Nid : coupe d'herbes et de feuilles dissimulée au sol dans le fouillis végétal.

Bon à savoir

Les mâles reviennent de migration avant les femelles, s'adjugent un territoire en chantant et s'efforcent ensuite d'y attirer une partenaire.

Rougequeue à front blanc

Ordre : passériformes (passereaux).

Famille : turdidés (merles et grives).

Taille : proche de celle du moineau.

Où le trouver : presque dans toute la France, mais de façon très disséminée dans une large moitié occidentale. Il manque en Corse ainsi qu'aux abords de la Méditerranée.

Surprendre ainsi le rossignol philomèle n'est pas monnaie courante...

Le superbe rougequeue à front blanc mâle.

La délicate beauté du rougequeue noir mâle, bien nommé.

Période de présence : de février (dans le Midi) ou mars-avril à septembre ou octobre.

Estimation de la population : de 100 000 à 300 000 couples.

Préférences écologiques : jardins, parcs, grosses haies, arbustes et arbres, bâtiments.

Où l'observer : souvent perché en évidence sur un toit, une antenne de télévision, une branche morte. Il est difficile de le repérer dans le feuillage. Il se pose au sol.

Aspects comportementaux : les individus fréquentant les jardins sont moins farouches que ceux vivant en forêt ; il guette les insectes et les chenilles depuis un perchoir et se laisse tomber sur eux ou bien les capture dans le feuillage ; chant assez stéréotypé fait d'une agréable phrase flûtée à la tonalité mélancolique.

Nourriture : insectes et baies.

Nid : coupe lâche dans une cavité d'arbre ou de mur.

Bon à savoir

Le rougequeue à front blanc est parfois appelé « rossignol de muraille » en raison de sa queue rousse et de son habitude de nicher dans les trous de mur.

Rougequeue noir

Ordre : passériformes (passereaux).

Famille : turdidés (merles et grives).

Taille : celle du moineau.

Où le trouver : à la belle saison, présent dans presque toute la France, Corse comprise (seulement sur les hauteurs de l'île). Il manque vers le sud de la pointe Bretagne.

Estimation de la population : de 500 000 à 1 million de couples.

Période de présence : dans les régions où il ne reste pas en hiver, il arrive dès février ou mars et repart entre septembre et novembre. En hiver, il disparaît presque totalement d'un large tiers nord-est, et reste inégalement réparti ailleurs, sauf dans les plaines méridionales, où il est abondant. En Corse, il abandonne les hauteurs pour la côte.

Préférences écologiques : bâtiments, ruines, murs, jardins à proximité. Il est présent en agglomération, jusqu'au cœur des villes.

Où l'observer : perché bien en évidence sur un mur, un toit, une cheminée ou une antenne. Au jardin, il se poste sur un poteau, un piquet, un fil, parfois un arbuste.

Aspects comportementaux : peu farouche, il se montre ostensiblement, mais se tient en général à bonne distance de l'homme. Inquiet, il crie sans cesse : « huit-tré, huit-tré, huit-tré ! ». Chant stéréotypé, typique, comportant une brève introduction, une courte pause, un bruit de verre pilé et un motif final babillé.

Nourriture : insectes et baies.

Nid : sur un édifice, dans une cavité largement ouverte ou sur un support quelconque dans une encoignure.

Bon à savoir

À l'origine, le rougequeue noir était un oiseau des parois rocheuses et des éboulis.

Serin cini

Ordre : passériformes (passereaux).

Famille : fringillidés (pinsons, chardonnerets, verdiers...).

Taille : bien inférieure à celle du moineau.

Où le trouver : durant la belle saison, présent dans toute la France, Corse comprise. En hiver, il est absent d'une large frange nord-est du pays, ainsi que d'une partie du

Le minuscule serin cini se plaît dans les arbres ou à terre.

La tourterelle des bois en quête de graines et de pousses arpente le sol.

Massif central et clairsemé dans les autres régions, sauf le Midi.

Estimation de la population : de 400 000 à 800 000 couples.

Période de présence : il apparaît plus ou moins tôt selon les régions, entre février et avril. Il abandonne ensuite ces mêmes régions de façon échelonnée, entre septembre et novembre ou décembre.

Préférences écologiques : espaces dégagés, herbeux et à plantes nourricières, buissons, arbustes, haies (notamment de conifères), arbres (feuillus ou conifères), vergers.

Où l'observer : au sol ou assez haut dans les arbres.

Aspects comportementaux : il est farouche au sol, moins quand il est perché hors d'atteinte. Il effectue un vol nuptial chanté, au cours duquel il décrit un circuit capricieux, avec des battements d'ailes ralentis. Dès la fin de l'été et surtout en hiver, il forme souvent des bandes plus ou moins importantes. Son chant est limité à un chapelet pressé de notes grinçantes, métalliques.

Nourriture : toutes petites graines prises au sol ou directement sur les plantes, jeunes pousses, petits bourgeons.

Nid : petite coupe soignée, dissimulée dans une haie ou un arbuste.

Bon à savoir

En dépit de son chant peu mélodieux, le serin cini est bel et bien le cousin du canari de cage, réputé pour ses talents de soliste...

Tourterelle des bois

Ordre : columbiformes (pigeons et tourterelles).

Famille : columbidés (pigeons et tourterelles).

Taille : entre celle du merle et du pigeon.

Où la trouver : dans toute la France, Corse comprise, à l'exception des hauteurs des Alpes et des Pyrénées.

Estimation de la population : de 250 000 à 450 000 couples, auxquels s'ajoutent les effectifs des migratrices.

Période de présence : d'avril à septembre, voire octobre.

Préférences écologiques : espaces dégagés (pour la recherche de la nourriture) avec grosses haies, arbustes et arbres (pour s'abriter et nicher). Il adopte les jardins naturels d'une certaine taille et plutôt tranquilles, réunissant les éléments cités.

Où l'observer : posée au sol, perchée dans une haie ou un arbre (n'est alors pas toujours facile à repérer pour peu qu'elle s'enfonce un peu dans le feuillage...) et en vol (battements saccadés et rapides).

Aspects comportementaux : farouche et prompte à s'envoler dès qu'elle se sent inquiétée. Elle effectue un vol nuptial comportant une ascension aérienne suivie d'une descente en plané sur les ailes étendues.

Nourriture : graines prises à terre ou sur les plantes couvre-sol ou basses (notamment la fumeterre).

Nid : plate-forme sommaire de branchettes dissimulée dans une grosse haie, un arbuste épineux ou un jeune conifère.

Bon à savoir

Il fut un temps où toutes les tourterelles des bois ne pouvaient parvenir jusqu'à leurs lieux de nidification car elles étaient braconnées au mois de mai dans le Médoc, en pleine migration prénuptiale. Cette époque est heureusement révolue !

Bien accueillir les visiteurs de la belle saison

Il est facile de mettre en œuvre quelques astuces simples permettant de rendre le jardin plus attractif pour les oiseaux qui, de retour de leurs quartiers d'hivernage, viennent le visiter ou même s'y installer quand arrive le printemps :

• Les haies mixtes sont prêtes à accueillir les nids. Il faut s'arranger pour favoriser ou laisser subsister de petites enfourchures dont raffolent les petits passereaux afin d'installer plus commodément leur nid.

• Mettez de l'eau à disposition et renouvelez-la, tant pour le bain que pour la boisson.

• Plantez des végétaux florifères attirant les petits insectes afin de garantir la présence de proies à destination d'oiseaux comme les pouillots, les mésanges ou les fauvettes.

• Laissez un massif d'orties touffues se développer : elles sont idéales pour l'installation de la petite coupe d'herbes sèches qui sert de nid à la fauvette à tête noire. Ces mêmes orties, soit dit en passant, nourrissent les chenilles du paon-du-jour, ce superbe papillon.

• Après avoir brossé le chien ou le chat, vous pouvez laisser les touffes de poils accrochées à des arbustes. Elles finiront sans doute bien vite dans des nids dont elles amélioreront le confort intérieur...

• Ménagez un accès dans l'appentis, le garage ou la grange pour permettre aux hirondelles rustiques de venir faire leur nid. Il leur suffit d'une ouverture de 20 cm sur 40 cm ! S'il s'agit d'une fenêtre ou d'une lucarne laissée ouverte, assurez-vous qu'elle le reste jusqu'au départ certain des hirondelles. Pour éviter les salissures, on disposera une planchette ou une feuille de carton sous les nids.

• Laissez les petits fruits sous filet (en vérifiant régulièrement qu'aucun oiseau n'a été pris au piège – ce qui ne devrait pas se produire si les filets sont bien tendus et fixés au ras du sol), mais laissez un ou deux pieds de framboisiers ou de groseilliers à disposition des oiseaux.

Et si l'on parlait nichoirs ?

Dans l'esprit de la plupart des amis des oiseaux, le jardin et les nichoirs sont indissociables. Il convient cependant de respecter certaines règles de bon sens pour apporter cette aide à la nidification dans les meilleures conditions possibles. Si le jardin est petit, inutile de poser plus d'un ou deux nichoirs. Enfin, s'ils figurent après la présentation des hôtes de la belle saison, il est évident qu'ils conviennent aussi aux oiseaux présents toute l'année.

La fabrication

Choix du bois : épais (2 cm minimum), non poncé, non traité.

Sécurité : pas de perchoir sous le trou d'envol. Garnissez le pourtour du trou d'envol d'une plaque métallique pour éviter les attaques des pics.

Pratique : prévoyez un système de toit pivotant ou amovible afin de permettre le nettoyage, en août ou septembre.

La pose

Orientation : ni au nord ni face aux vents dominants.

Hauteur : normalement, pas moins de 2 m.

Sécurité : placez un système (par exemple une collerette de grillage évasée) destiné à empêcher l'accès des chats. Fixez solidement le nichoir à son support (rien de plus pitoyable qu'un nichoir tombant avec une nichée de mésanges à l'intérieur...), y compris, au risque de choquer, avec des clous ou vis inoxydables (il est démontré que cela n'affecte pas l'arbre, surtout s'il est âgé). Ne regardez pas dans un nichoir en cours de nidification, car vous risqueriez de faire échouer la couvée.

Les modèles préfabriqués ou à monter

Il peut être plaisant de fabriquer soi-même ses nichoirs, surtout si l'on y associe des enfants, mais on peut aussi se tourner vers des modèles éprouvés, préfabriqués ou à monter, notamment disponibles auprès d'associations. La solution des nichoirs en « béton de bois », bien que plus coûteuse, est incomparablement plus satisfaisante, car elle garantit une durabilité remarquable et un confort optimal pour les oiseaux.

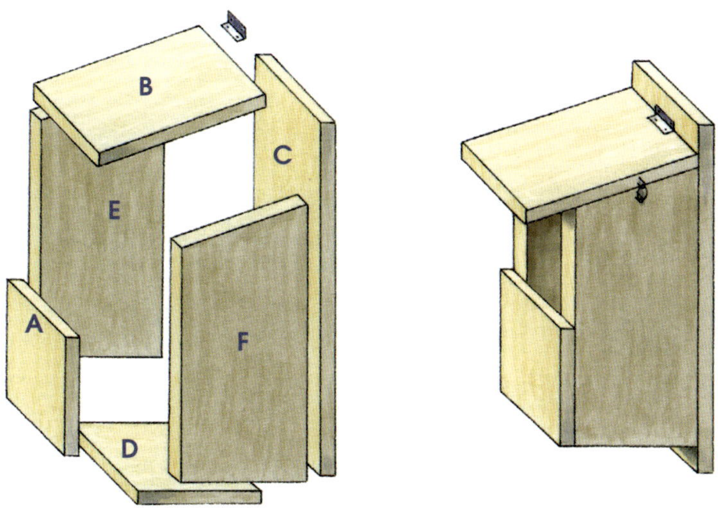

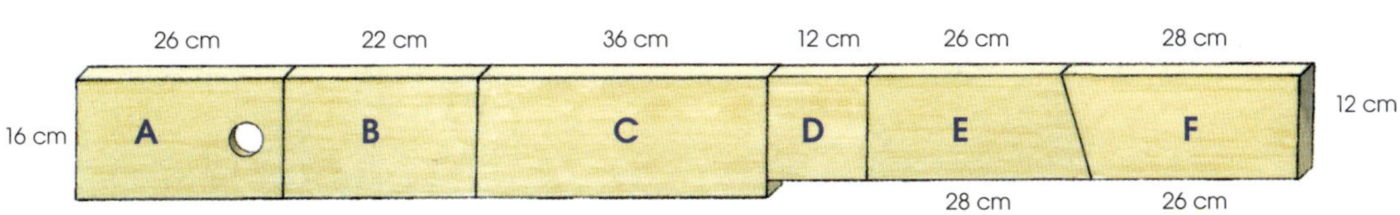

Nichoir : le modèle boîte à lettres

Vous pouvez adapter ce modèle, à 1 ou 2 cm près, en fonction des planches dont vous disposez.
Le choix de la taille du trou d'envol dépend de l'espèce que vous souhaitez accueillir : 28 à 30 mm pour la mésange bleue, 30 à 32 mm pour la mésange charbonnière et 40 mm pour le moineau. Fixez d'abord solidement le plancher (D) à l'intérieur des parois (E et F), puis assemblez le dos (C) et la façade (A), de préférence avec des vis inoxydables. Le toit (B) peut être maintenu avec une charnière-piano, une charnière en cuir ou un morceau de chambre à air ! Un crochet contrevent fixé de chaque côté ou deux cavaliers reliés par un fil de fer assureront une meilleure fermeture.

Les visiteurs de l'hiver

Quand les feuilles jonchent le sol, que les jours sont courts et que le gris domine, les oiseaux de l'hiver viennent à point nommé mettre une touche de variété au jardin. Certains n'ont pas fait un long chemin pour nous rejoindre, mais d'autres ont parcouru de belles distances pour fuir le froid nordique ou oriental.

Les espèces

Bergeronnette grise

Ordre : passériformes (passereaux).

Famille : motacillidés (pipits et bergeronnettes).

Taille : proche de celle du moineau (mais longue queue).

Où la trouver : en hiver, elle est absente d'un bon quart nord-est, de la Basse-Normandie, de la Bretagne et de presque tout le littoral atlantique, mais elle est présente en Corse. En été, on la trouve dans toute la France et extrêmement localisée en Corse.

Estimation de la population : environ 1 million de couples, migratrices et hivernantes en effectifs inconnus.

Période de présence : d'août à novembre, quitte les régions d'où elle est absente en hiver (voir ci-dessus) et les regagne entre février et avril (ou mai).

En hiver, la bergeronnette grise est moins contrastée qu'en plumage nuptial.

Préférences écologiques : espaces dégagés, herbeux, terreux ou artificialisés (pavages, chemins, surfaces cimentées...). Elle apprécie le voisinage de l'eau, courante ou non.

Où l'observer : au sol ou sur les bâtiments et, au printemps, elle se perche souvent sur les fils aériens pour chanter.

Aspects comportementaux : plus ou moins farouche selon les lieux et les individus. Elle est très active, ne cesse de trottiner et s'envole volontiers, souvent sur de courtes distances.

Nourriture : insectes, volants ou non.

Nid : coupe désordonnée installée dans une cavité à large ouverture, au flanc d'un mur ou d'un talus.

Bon à savoir

En hiver, dans un large tiers nord-ouest, on rencontre la bergeronnette de Yarrell, sous-espèce « britannique » (à dos gris foncé ou noir) qui remplace la bergeronnette grise de la sous-espèce « type » (à dos gris clair) là où celle-ci disparaît à la mauvaise saison (voir « Où la trouver »). Les deux sous-espèces peuvent se rencontrer conjointement dans la frange orientale de l'aire de répartition de la bergeronnette de Yarrell.

Bergeronnette des ruisseaux

Ordre : passériformes (passereaux).

Famille : motacillidés (pipits et bergeronnettes).

Taille : proche de celle du moineau (mais longue queue).

Où la trouver : en hiver, toute la France ou presque, Corse comprise. En été, presque toute la France, mais essentiellement auprès des cours d'eau.

Estimation de la population : de 50 000 à 100 000 couples.

Période de présence : on peut l'observer entre août ou septembre et fin mars ou début avril.

La longue queue de la bergeronnette des ruisseaux est agitée de hochements incessants.

Préférences écologiques : en hiver, on peut la rencontrer dans des milieux variés (d'ordinaire non boisés), même si son goût pour l'eau reste affirmé. En été, elle recherche surtout les cours d'eau, avec une certaine préférence pour ceux de taille modeste, au cours rapide.

Où l'observer : au sol ou sur un bâtiment (au printemps, perchée dans un arbre pour chanter). Elle se perche également sur les fils aériens.

Aspects comportementaux : plutôt farouche, nerveuse et remuante, trottinant, courant ou s'envolant sans cesse, elle saute souvent sur place pour capturer les insectes volants.

Nourriture : insectes et larves.

Nid : coupe désordonnée logée dans une cavité à large ouverture au flanc d'un mur ou d'un talus.

Bon à savoir

La bergeronnette des ruisseaux agite sans arrêt sa longue queue aussi bien quand elle trotte que lorsqu'elle est à l'arrêt.

Corbeau freux

Ordre : passériformes (passereaux).

Famille : corvidés (corbeaux, pies, geais...).

Taille : celle de la corneille.

Où le trouver : en hiver, il est plus répandu (notamment dans la moitié sud) qu'en été, mais il manque dans une partie du Sud-Ouest et du Midi, ainsi qu'en Corse. En été, on le trouve surtout dans les deux tiers nord du pays et une partie du Sud-Est et il est absent de Corse.

Estimation de la population : de 300 000 à 600 000 couples, 2 ou 3 millions d'oiseaux en hiver.

La neige gêne la recherche de nourriture des corbeaux freux. Noter le bec pâle, au contraire de celui de la corneille.

Une splendide grive litorne en pleine lumière.

Période de présence : les hivernants sont présents entre fin octobre et mars.

Préférences écologiques : espaces dégagés, herbeux ou labourés. Le corbeau freux est parfois présent jusqu'en ville où il peut nicher dans de grands arbres, en général ceux des parcs.

Où l'observer : au sol ou perché dans les arbres, souvent assez haut.

Aspects comportementaux : d'ordinaire farouche (mais l'est moins en milieu urbain), très grégaire, il évolue en bande allant de quelques individus à quelques dizaines. Il niche en colonies appelées corbeautières.

Nourriture : insectes, larves trouvées dans le sol, pousses, graines...

Nid : grosse coupe de branchettes, haut dans un arbre (peuplier, chêne...)

Bon à savoir

Le freux vient plus facilement dans les jardins de bonne taille dotés de surfaces herbeuses naturelles, mais il s'aventure aussi dans ceux de taille plus modeste s'il s'y trouve un (ou plusieurs) noyer car il raffole des noix.

Grive litorne

Ordre : passériformes (passereaux).

Famille : turdidés (merles et grives).

Taille : un peu supérieure à celle du merle.

Où la trouver : en hiver, dans toute la France, Corse comprise. En été, tiers nord-est du pays et une partie du Massif central.

Estimation de la population : de quelques centaines de milliers à plus d'un million selon la rigueur des hivers.

Période de présence : là où elle ne niche pas, elle est présente entre fin septembre et mars ou avril.

Préférences écologiques : espaces dégagés, surtout herbeux ; grosses haies, arbres, vergers.

Impossible de ne pas reconnaître la jolie grive mauvis avec ses marques colorées typiques.

Où l'observer : au sol ou dans les arbres, souvent assez haut.

Aspects comportementaux : farouche et grégaire, la grive litorne vit en bandes de quelques individus à quelques dizaines. En vol, elle lance souvent des « djac ! » ou « djac-djac ! » bien typiques.

Nourriture : vers, mollusques, baies (de sorbier, d'aubépine, d'if, de pyracanthe...) et fruits ; elle apprécie les pommes tombées au sol.

Nid : coupe dans un arbre.

Bon à savoir

Dans les régions où elles sont présentes, les chances d'attirer des litornes au jardin sont meilleures lorsque le froid et la neige sévissent et que l'on prend soin de disposer au sol des pommes impropres à la consommation humaine.

La grive litorne s'observe souvent en compagnie de sa cousine, la grive mauvis (voir ci-contre), qui est plus petite.

Grive mauvis

Ordre : passériformes (passereaux).

Famille : turdidés (merles et grives).

Taille : légèrement inférieure à celle du merle.

Où la trouver : en hiver, dans toute la France, Corse comprise.

Estimation de la population : sans doute autour d'un million, davantage lors d'hivers rigoureux.

Période de présence : de septembre ou octobre à mars ou avril.

Préférences écologiques : espaces dégagés, surtout herbeux ; grosses haies, arbres, vergers.

Où l'observer : au sol ou perchée dans les haies, les arbustes ou les arbres.

Aspects comportementaux : farouche ; grégaire, en bandes de quelques individus à quelques dizaines. En vol, elle lance souvent de fins sifflements pénétrants, « sssiiiè », bien reconnaissables.

Ce n'est jamais sans une petite émotion que l'on découvre un grosbec casse-noyaux au jardin...

Nourriture : vers, mollusques, baies, fruits ; apprécie les pommes tombées.

Bon à savoir

À la fin de l'hiver, par beau temps, il arrive qu'une troupe de mauvis réunies dans un arbre se lance dans un chœur auquel chaque oiseau participe avec entrain.

Grosbec casse-noyaux

Ordre : passériformes (passereaux).

Famille : fringillidés (pinsons, verdiers, chardonnerets...).

Taille : entre celle du moineau et du merle.

Où le trouver : en hiver, dans toute la France ou presque, Corse comprise ; en été, elle manque dans une bonne partie de la moitié sud et dans la plupart des régions bordant l'Atlantique et la Manche.

Estimation de la population : de 50 000 à 250 000 couples.

Période de présence : là où il ne niche pas, de fin septembre à mi-avril.

Préférences écologiques : arbres (feuillus), vergers, grosses haies.

Où l'observer : dans les arbres et les haies, où il est plus facile à voir en hiver qu'en été grâce à l'absence de feuilles. En hiver, vous pouvez voir le grosbec casse-noyaux au sol, sous les arbres dont il consomme les graines, ainsi qu'aux mangeoires.

Aspects comportementaux : très farouche, sauf en hiver.

Nourriture : graines, noyaux qu'il fait éclater pour en extraire l'amande. Il raffole notamment des graines du charme.

Nid : coupe de brindilles bien cachée dans un arbre, souvent haut.

La mésange huppée, la plus originale des mésanges, avec sa huppe et son œil aux allures de grenat.

Bon à savoir

En hiver, il arrive que l'on observe de petites troupes de grosbecs, particulièrement aux mangeoires. C'est alors la garantie d'un beau spectacle !

Mésange huppée

Ordre : passériformes (passereaux).

Famille : paridés (mésanges).

Taille : un peu inférieure à celle du moineau.

Où la trouver : en été comme en hiver, dans presque toute la France. Elle manque dans une partie du Midi, de la façade atlantique et en Corse.

Estimation de la population : environ 1 million de couples.

Période de présence : visible toute l'année, cette espèce sédentaire a cependant tendance, de l'automne au printemps, à être présente dans des milieux qu'elle ne fréquente pas le reste du temps.

Préférences écologiques : arbres (avec une nette préférence pour les conifères, même si elle ne dédaigne pas les feuillus, chênes notamment), arbustes et grosses haies.

Où l'observer : en général dans les arbres, assez haut, mais elle peut également se tenir à moindre hauteur et fréquenter les mangeoires.

Aspects comportementaux : assez farouche. Elle peut l'être moins en hiver lorsqu'il s'agit de venir aux mangeoires. En dehors de la période de nidification, elle évolue volontiers en petits groupes.

Nourriture : insectes, larves, araignées.

Nid : aménagé dans un trou d'arbre ou de grosse branche, voire un nichoir.

Bon à savoir

Sauf dans les régions de montagne peuplées de conifères, où l'espèce est particulièrement bien représentée, la mésange huppée ne fait une apparition au jardin que de loin en loin, encore que les chances soient meilleures s'il y a des conifères qui existent sur place et à proximité.

Mésange noire

Ordre : passériformes (passereaux).

Famille : paridés (mésanges).

Taille : inférieure à celle du moineau.

Où la trouver : en hiver, dans presque toute la France, Corse comprise (manque dans une petite partie du Sud-Ouest et dans les régions bordant la Méditerranée, à l'ouest du delta du Rhône). Pendant la mauvaise saison, les oiseaux présents dans les régions où l'espèce ne niche pas sont essentiellement de provenance étrangère (nord et est de l'Europe), car les individus nichant en France sont, eux, à peu près sédentaires. Là

La mésange noire : à ne pas confondre avec la charbonnière !

Le pinson du Nord : un joli visiteur hivernal qui ne laisse pas indifférent.

où cette mésange niche, les autochtones et les migratrices hivernantes sont théoriquement visibles conjointement. En été, elle est présente dans une bonne partie de la France, Corse comprise, mais manque notamment dans certaines régions méridionales et occidentales du pays.

Estimation de la population : entre 200 000 et 500 000 couples. En hiver, apport de quelques dizaines de milliers à plusieurs centaines de milliers d'individus, selon les années.

Période de présence : là où elle ne niche pas, elle peut être rencontrée entre septembre et avril.

Préférences écologiques : elle recherche prioritairement les conifères, mais tolère qu'ils soient mêlés de feuillus.

Où l'observer : dans les arbres surtout, ainsi que les arbustes et les haies.

Aspects comportementaux : assez peu farouche, la mésange noire évolue souvent en petits groupes en dehors de la période de nidification.

Nourriture : insectes, larves, araignées.

Nid : dans un trou d'arbre.

Bon à savoir

Certains automnes, un afflux notable de mésanges noires migratrices se manifeste, rendant plus probables – y compris pendant l'hiver consécutif – les contacts avec l'espèce dans des jardins dédaignés par l'espèce en temps normal.

Pinson du Nord

Ordre : passériformes (passereaux).

Famille : fringillidés (pinsons, chardonnerets, verdiers...).

Taille : celle du moineau.

Où le trouver : présent dans toute la France, Corse comprise.

Estimation de la population : variables selon les années, les effectifs peuvent parfois atteindre plusieurs millions d'individus.

Période de présence : de fin septembre à mi-avril.

Préférences écologiques : espaces dégagés, haies, arbustes et arbres.

Où l'observer : au sol, perché à différentes hauteurs ou à la mangeoire.

Aspects comportementaux : assez peu farouche ; en général grégaire, il s'observe en bandes plus ou moins importantes, notamment en fonction des conditions météorologiques.

Nourriture : graines – souvent prises au sol –, y compris celles provenant d'arbres, avec une préférence affirmée pour les faines du hêtre. Il apprécie les graines de tournesol, prises à la mangeoire ou tombées au sol.

Bon à savoir

Il faut attendre le printemps pour espérer admirer un mâle dans son beau plumage nuptial noir et orange.

Roitelet huppé

Ordre : passériformes (passereaux).

Famille : sylviidés (fauvettes, pouillots, roitelets, hypolaïs polyglotte...).

Taille : bien inférieure à celle d'un moineau.

Où le trouver : en hiver, dans toute la France, Corse comprise. En été, il est absent d'une bonne partie d'un grand quart sud-ouest du pays, ainsi que de l'ensemble des régions bordant la Méditerranée, et d'une partie de la Corse.

Le roitelet huppé : le nain... du jardin !

Période de présence : là où l'espèce ne niche pas, les migrateurs et les hivernants se manifestent entre septembre et mi-avril.

Préférences écologiques : il recherche prioritairement les conifères, mais peut se rencontrer dans les feuillus, ainsi que dans des arbustes et des haies.

Où l'observer : il se tient dans la végétation, à des hauteurs variables mais souvent plutôt élevées.

Aspects comportementaux : assez peu farouche, il est sans cesse en mouvement, au point de ne rester pratiquement jamais plus de quelques secondes au même endroit. Il pousse sans cesse de brefs cris aigus, légers, souvent en séries.

Nourriture : menus insectes et araignées.

Nid : coupe soignée, dissimulée au bout d'une branche de conifère, parfois à bonne hauteur.

Bon à savoir

Pour bien apprécier la petitesse de cet oiseau, il faut s'efforcer de l'observer sans jumelles dès que l'occasion s'en présente. L'étonnement est assuré !

Sizerin flammé

Ordre : passériformes (passereaux).

Famille : fringillidés (pinsons, verdiers, chardonnerets...).

Taille : inférieure à celle du moineau.

Où le trouver : en hiver, on le trouve dans grosse partie du centre-nord du pays et régions situées à l'est du Rhône, et en été dans les Alpes et le Jura.

Estimation de la population : de 5 000 à 10 000 couples ; effectifs migrateurs et hivernants inconnus.

Période de présence : là où il ne niche pas (cas le plus fréquent), présent de début septembre à mars (avril).

Préférences écologiques : en dehors de la période de nidification, arbres (aulnes, bouleaux), haies, plantes à graines des friches.

Le sizerin flammé mâle égaie l'hiver !

Où l'observer : perché dans les arbres, les haies ou sur les plantes à graines.

Aspects comportementaux : assez farouche, grégaire, souvent observé en petites bandes. Il se déplace avec légèreté dans les branchages et peut adopter des positions acrobatiques.

Nourriture : menues graines prises dans les arbres ou sur les plantes.

Nid : petite coupe construite dans un arbre.

Bon à savoir

Tout observateur a plaisir à voir, ne serait-ce qu'une fois dans l'hiver, la tache cramoisie au front du sizerin mâle !

Tarin des aulnes

Ordre : passériformes (passereaux).

Famille : fringillidés (pinsons, chardonnerets, verdiers...).

Taille : inférieure à celle du moineau.

Où le trouver : en hiver, dans toute la France, Corse comprise et en été, essentiellement localisé dans les massifs montagneux (y compris en Corse).

Estimation de la population : de 500 à 1 500 couples. Les effectifs hivernaux sont très fluctuants, de quelques milliers à plusieurs centaines de milliers.

Période de présence : là ou il ne niche pas, le tarin des aulnes peut se manifester entre mi-septembre et fin avril.

Préférences écologiques : en période de nidification, conifères ; en hiver, également feuillus (avec un goût marqué pour les aulnes et les bouleaux), haies.

Où l'observer : dans les arbres, les haies.

Aspects comportementaux : assez peu farouche ; grégaire, généralement en

Ici perché normalement, le tarin des aulnes excelle aussi à se suspendre à l'envers, sous les rameaux.

petites bandes ; positions acrobatiques lors de l'exploration des arbres, souvent suspendu à l'envers ; fréquents petits cris dansants poussés en vol par les membres du groupe.

Nourriture : principalement de (toutes) petites graines, rendues exploitables par la forme du bec.

Nid : petite coupe dans un conifère, plutôt au bout d'une branche.

Bon à savoir

Il est recommandé de bien scruter un arbre dans lequel vous avez repéré quelques tarins, car en raison de leur petite taille et de leurs teintes camouflées, ces oiseaux peuvent aisément passer inaperçus, d'où une fréquente sous-estimation de l'effectif d'une troupe.

Bien accueillir les visiteurs de l'hiver

Rien de plus simple que d'aider les oiseaux à se sentir mieux au jardin durant l'hiver. Ces recommandations leur facilitent la vie et vous garantissent de belles observations :

• Pensez à l'eau, surtout s'il se met à geler (voir pp. 28-29). Les oiseaux doivent toujours en avoir à leur disposition.

• Laissez des pommes au sol, elles feront le bonheur des grives mauvis ou litornes qui ont fui leurs zones de nidification nordiques et orientales devenues inhospitalières. Les merles ne les dédaigneront pas non plus.

• Plantez ou favorisez des végétaux à feuillage marcescent (charme), semi-persistant (certains troènes ou chèvrefeuilles) ou persistant (laurier-tin, conifères...). Ils servent d'abri aux oiseaux et sont aussi pour eux des réserves de nourriture sous forme de petits invertébrés cachés dans le feuillage.

• Pensez à laisser quelques noix sur l'arbre ou au sol. Elles font les délices des corbeaux freux, mais aussi des sittelles, des pics épeiches ou des geais.

• Si vous voulez avoir une chance d'attirer les tarins et, pourquoi pas les sizerins, plantez quelques aulnes ou des bouleaux.

• Pourquoi ne pas faire comme les Scandinaves qui disposent dans leur jardin une brassée de céréales liée en « javelle », comme autrefois, à l'intention des oiseaux granivores (pinsons, moineaux, bruants...). Cette javelle pourra être attachée à un piquet de clôture ou contre un mur.

• En hiver, les oiseaux sont souvent un peu plus vulnérables, surtout par temps très froid. Le repos nocturne est alors très important. Efforcez-vous donc de ne pas déranger les oiseaux en pleine nuit : ce serait les obliger à changer de dortoir en dépensant une énergie précieuse, sans doute pour ne trouver qu'un endroit moins favorable.

• On peut très bien secouer la nappe dehors et laisser moineaux et accenteurs venir picorer les miettes. On prendra soin de le faire au-dessus d'un espace dégagé pour qu'un chat ne se tienne pas en embuscade dans la végétation basse.

• Le plaqueminier (l'arbre aux kakis) fait les délices des étourneaux, des merles et des grives (c'est si bon qu'on s'arrangera pour garder quelques fruits pour soi, cueillis plutôt dans le bas de l'arbre et laissés à mûrir, avant que les gourmands ne s'y intéressent une fois ceux situés en hauteur exploités...).

• Au cas où un épervier viendrait trop souvent prélever sa dîme en s'attaquant aux oiseaux attirés par la mangeoire, une solution peut consister à changer la mangeoire de place de temps à autre. Ainsi, le rapace ne peut pas compter sur l'effet de surprise.

Et les mangeoires ?

Offrir de la nourriture aux oiseaux de passage dans nos jardins est un excellent moyen de les aider à subsister mais aussi d'en profiter pour en voir beaucoup et dans de bonnes conditions. Ce peut être, en tout cas, un excellent moyen de montrer des oiseaux à des enfants.

Que donner à manger ?

En matière de nourriture destinée aux oiseaux, on ne saurait trop recommander de s'en tenir pour l'essentiel à des grands classiques. Le tournesol a depuis longtemps fait ses preuves, plaît à un bel éventail d'espèces et n'est pas trop coûteux.

Les chardonnerets apprécient les graines de petite taille (lin, millet, niger...), mais elles coûtent assez cher et doivent être placées dans des mangeoires munies d'orifice distributeurs adaptés, de petit diamètre.

Les arachides spécialement conditionnées pour les oiseaux (non salées et garanties saines) conviennent, mais sont coûteuses : elles peuvent constituer un complément.

Les matières grasses non salées, mêlées ou non à des graines, sont tout indiquées et plaisent énormément aux mésanges.

Quand et comment donner à manger ?

Il est généralement recommandé de ne donner à manger aux oiseaux qu'en hiver, et plutôt par temps froid. On peut envisager de les nourrir de novembre ou décembre à février ou mars, selon les années, mais chacun est libre de procéder comme il l'entend sans craindre de causer du tort aux oiseaux ainsi approvisionnés.

Les mangeoires à trémie ou à orifices latéraux sont préférables, car elles évitent au maximum les souillures des graines par les fientes.

Nettoyez aussi souvent que nécessaire les mangeoires et leurs abords.

Quelques précautions

La nourriture distribuée aux oiseaux doit être de bonne qualité. Les graines, notamment, doivent être gardées au sec, en évitant de les conserver d'une année sur l'autre. Certaines moisissures peuvent provoquer de sérieux problèmes aux oiseaux, pouvant aller jusqu'à la mort.

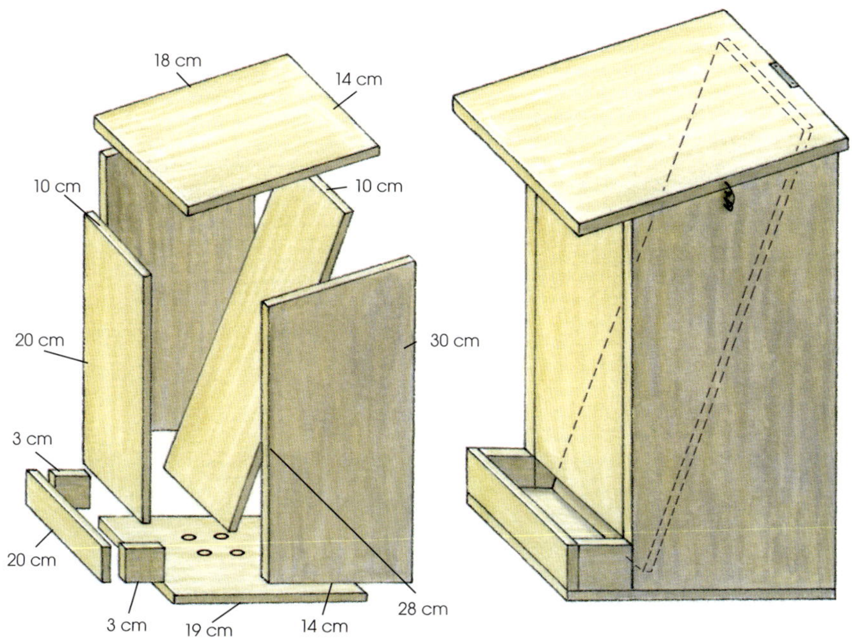

La mangeoire trémie

Vous pouvez adapter ce modèle, à 1 ou 2 cm près, en fonction des planches dont vous disposez.
Mangeoire « libre-service » par excellence, la mangeoire trémie permet un bon stockage en cas d'absence et peut n'être remplie qu'une fois par semaine, suivant sa contenance. Utilisez un bois résistant à l'humidité (mélèze, pin, chêne...), non traité, de 2 cm d'épaisseur (surtout pas de contreplaqué ni d'aggloméré). L'étranglement à la base de la trémie doit être légèrement supérieur à la taille des graines pour réguler leur écoulement (la longueur précise de la planchette oblique sera donc déterminée lors de la réalisation).
Le haut du perchoir doit correspondre au bas de cet étranglement. Ne rabotez pas et ne traitez pas le bois. Vous pouvez néanmoins protéger l'extérieur à l'huile de lin ou au brou de noix. Le couvercle amovible peut aussi être recouvert d'une toile goudronnée. Quelques trous percés dans le socle permettront l'évacuation des eaux de pluie. Nettoyez régulièrement le bord d'accès pour éviter les maladies.

Les fidèles

Pour nombre de ces hôtes assidus, on pourrait parler d'incontournables. Dans l'inconscient collectif, mésanges, merles ou rougegorges sont en effet intimement associés au jardin. Ils y voisinent avec des espèces moins connues ou plus inattendues, qui peuvent aussi peupler les jardins tout au long de l'année. Les uns et les autres composent un joli cortège !

Les espèces

Accenteur mouchet

Ordre : passériformes (passereaux).

Famille : prunellidés (accenteurs).

Taille : celle du moineau.

Où le trouver : en été, presque partout (sauf dans le Midi méditerranéen et en Corse) et en hiver, dans toute la France.

Estimation de la population : de 3 à 5 millions de couples.

Préférences écologiques : buissons, fourrés, haies, arbustes et arbres, plates-bandes.

Où l'observer : il chante au sommet d'un arbuste ou d'un petit arbre. Le reste du temps, il n'est pas toujours facile à repérer.

Aspects comportementaux : il se tient volontiers au sol, plutôt à couvert. Il est peu farouche, mais discret et furtif. Son chant se réduit à une ritournelle aigrelette.

Nourriture : menus invertébrés, petites graines (notamment en hiver).

Un moineau ? Non, un accenteur mouchet et son bec fin d'insectivore.

Ravissement de l'œil avec le bouvreuil pivoine mâle.

Nid : en coupe, caché dans un arbuste, une haie, un conifère ou bien encore un rideau de lierre.

Bon à savoir

L'accenteur mouchet est souvent confondu avec le moineau, mais son bec est fin et il est infiniment moins voyant. Il ne forme presque jamais de groupes supérieurs à 5 ou 6 oiseaux, et encore ceux-ci ne se réunissent que lors des parades printanières.

Bouvreuil pivoine

Ordre : passériformes (passereaux).

Famille : fringillidés (pinsons, verdiers, chardonnerets...).

Taille : celle du moineau.

Où le trouver : en été, surtout dans la moitié nord. Il manque dans certaines régions de la moitié sud, ainsi qu'en Corse. En hiver, il est plus répandu : on le trouve dans presque toute la France, sauf le littoral méditerranéen et la Corse.

Estimation de la population : de 500 000 à 1 million de couples.

Préférences écologiques : haies, fourrés, arbustes, arbres et vergers.

Où l'observer : dans la végétation, tantôt assez bas, dans les haies et arbustes, tantôt haut dans les arbres ; ne se montre pas souvent (ou pas longtemps) à découvert.

Aspects comportementaux : en général, il est farouche et prompt à s'envoler quand il se sent observé. S'il s'estime en sécurité, il peut passer de longs moments au même endroit, occupé à se nourrir. Il se déplace le plus souvent par couples. Son cri habituel est un doux sifflement, souvent répété.

Nourriture : graines, baies, bourgeons de petite taille.

Nid : coupe de tiges, dans une haie, un arbuste, une haie (y compris de conifères).

Bon à savoir

L'espèce se repère le plus souvent à son doux sifflement typique.

Grand amateur de bourgeons, le bouvreuil peut s'en prendre aux fruitiers, sans toutefois causer, le plus souvent, de dégâts notables.

Bruant zizi

Ordre : passériformes (passereaux).

Famille : embérizidés (bruants).

Taille : celle du moineau.

Où le trouver : en été, il est présent dans les 4/5e de la France (Corse comprise). Sa présence est clairsemée dans le Nord-Est, alors qu'il en est absent en été.

Estimation de la population : de 500 000 à 1 million de couples.

Préférences écologiques : buissons, arbustes, haies, arbres, vergers, espaces herbeux.

Où l'observer : souvent difficile à voir au sol. Il aime se percher en évidence au sommet d'une haie, d'un arbuste ou d'un arbre, notamment pour chanter ; il peut aussi se poser sur un mur ou un toit.

Le plumage bigarré du bruant zizi mâle.

Aspects comportementaux : en général farouche ; au sol, il se déplace pattes fléchies, progressant par à-coups ; le chant est un trille, répété à intervalles plus ou moins longs.

Nourriture : petites graines, insectes ainsi que chenilles.

Nid : coupe de mousse et d'éléments végétaux, dissimulée bas dans une haie, un buisson, un arbuste.

Bon à savoir

En bon bruant, le zizi chante en rejetant la tête en arrière, bec bien ouvert : c'est l'occasion de remarquer que la mandibule supérieure est deux fois plus épaisse que l'inférieure, une caractéristique de nos bruants.

Chardonneret élégant

Ordre : passériformes (passereaux).

Famille : fringillidés (pinsons, verdiers...).

Taille : légèrement inférieure à celle du moineau.

Où le trouver : en été comme en hiver, il est dans toute la France, Corse comprise.

Estimation de la population : de 1 à 5 millions de couples.

Préférences écologiques : espaces dégagés, herbeux ou non, avec plantes nourricières, buissons, haies, arbustes, arbres et vergers.

Où l'observer : facile à observer soit posé sur les plantes dont il se nourrit, soit sur une haie ou dans un arbre. Il chante perché en vue.

Aspects comportementaux : assez peu farouche. Oiseau remuant, il volette sou-

Concurrent sérieux pour la palme de la beauté : le chardonneret élégant.

vent et pousse des cris dansants, cliquetants et légers. Son chant varié est agréable et léger.

Nourriture : surtout de petites graines prélevées sur les plantes (chardons, cirses, pissenlits...). Il raffole des graines de cosmos et mange quelques insectes.

Nid : coupe soignée, placée au bout d'une branche retombante d'arbuste ou d'arbre, ou dans une petite enfourchure de fruitier.

Bon à savoir

Les jeunes chardonnerets ont les ailes jaune et noir comme les adultes, mais leur tête n'est pas bigarrée avant l'automne.

Chevêche d'Athéna

Ordre : strigiformes (rapaces nocturnes).

Famille : strigidés (hiboux et chouettes).

Taille : entre celles du merle et du pigeon.

Où la trouver : en été comme en hiver, dans presque toute la France (absente des Alpes, de secteurs du Sud-Ouest et de la plupart de la Corse).

Estimation de la population : de 20 000 à 50 000 couples.

Préférences écologiques : espaces herbeux à végétation basse, avec arbres isolés, bâtiments, murs ou ruines ; vergers.

Où l'observer : assez facile à voir ; c'est l'un des rapaces « nocturnes » les plus actifs dans la journée ; elle se poste souvent en évidence sur un mur, un tas de pierres, un toit, une cheminée ; elle est d'ordinaire moins facile à repérer quand elle se perche dans un arbre.

Aspects comportementaux : pas très farouche ; inquiète, elle fléchit les pattes en une suite de « courbettes » nerveuses ; le chant est un « coû ? » interrogatif.

La chevêche d'Athéna est aussi active de jour.

Nourriture : petits rongeurs, gros insectes, vers de terre.

Nid : dans un trou d'arbre ou de mur, un nichoir (il existe des modèles adaptés à l'espèce).

Bon à savoir

La chevêche d'Athéna est également connue sous son nom populaire de chouette chevêche. Elle ne s'installe dans les jardins, ou ne les fréquente pour chasser, que lorsqu'ils ont une certaine taille ou font partie d'un réseau de jardins.

Par ailleurs, les jardins ouvrant sur la campagne ont normalement sa préférence, d'autant plus s'ils sont ceints de vieux murs de pierres sèches.

Choucas des tours

Ordre : passériformes (passereaux).

Famille : corvidés (corbeaux, corneilles, pies, geais...).

Taille : celle d'un pigeon.

Où le trouver : en été, il manque dans le Sud-Ouest et les Alpes et il est rare et localisé en Corse. En hiver, il est un peu plus répandu dans le Sud-Ouest et en Corse (sur la côte).

Estimation de la population : de 100 000 à 300 000 couples, auxquels s'ajoutent les migrateurs et les hivernants aux époques correspondantes.

Préférences écologiques : bâtiments (même en ville) et grands arbres, pour la nidification. Il aime les espaces dégagés, herbeux ou non, pour la recherche de nourriture.

Où l'observer : très facile à voir, perché sur les bâtiments, dans les arbres ou en vol.

Aspects comportementaux : plus ou moins farouche, il tolère bien la présence humaine, mais ne se laisse pas toujours approcher. Hautement grégaire, il passe sa vie en groupes plus ou moins importants. Cet excellent voilier est capable d'acrobaties aériennes collectives spectaculaires. Très vocal, il ne cesse de communiquer à l'aide de cris « enjoués » évoquant des jappements, « kia ! ».

Nourriture : omnivore, avec une préférence pour les larves et les vers ; insectes, petits rongeurs, fruits, animaux morts...

Nid : coupe de branchages, dans un trou de mur ou une cheminée, une cavité d'arbre.

Bon à savoir

Le choucas est un oiseau intelligent, très intéressant à observer : ses talents aériens valent vraiment le coup d'œil. Il ne vient au sol que dans les jardins d'une certaine taille, plutôt pour y récolter des branchettes destinées au nid que pour s'y nourrir, ce qu'il préfère faire dans les champs et les prés environnants.

Le choucas des tours se reconnaît aisément à son œil pâle.

Une chouette hulotte surprise à son gîte diurne.

Chouette hulotte

Ordre : strigiformes (rapaces nocturnes).

Famille : strigidés (hiboux et chouettes).

Taille : celle d'un gros pigeon.

Où la trouver : en été comme en hiver, dans toute la France, sauf en Corse.

Estimation de la population : de 100 000 à 200 000 couples.

Préférences écologiques : formations boisées où nicher et avec des espaces dégagés où chasser. Elle est présente dans certains jardins et parcs urbains.

Où l'observer : difficile à voir dans sa retraite diurne, toujours bien choisie pour assurer une tranquillité satisfaisante, on l'aperçoit parfois au crépuscule, quand elle part en chasse, ou posée en ombre chinoise au sommet d'un arbre ou sur une grosse branche.

Aspects comportementaux : elle n'est pas particulièrement farouche dans la journée. Une fois repérée, elle se laisse observer à condition qu'elle ne se sente pas en danger (une distance de plusieurs mètres doit être respectée, sous peine de provoquer l'envol). Elle vit la nuit, mais peut se déplacer de jour (la lumière ne l'aveugle pas, contrairement à une opinion communément répandue). Elle émet un agréable hululement clair et sonore, en général bien connu de ceux qui ont l'habitude de la campagne.

Nourriture : rongeurs, petits oiseaux.

Nid : dans un trou d'arbre spacieux ou un nichoir de bonne taille.

Bon à savoir

Lorsque, malgré ses précautions, la hulotte est localisée par des oiseaux dans la journée, ceux-ci se mettent à la harceler en voletant autour et en poussant des cris excités ; elle finit parfois par s'envoler pour chercher un autre abri. Autant de bonnes occasions de tenter de l'observer !

Corneille noire

Ordre : passériformes (passereaux).

Famille : corvidés (corbeaux, corneilles, pies, geais...).

Taille : celle de la corneille.

Où la trouver : en été comme en hiver, dans toute la France, sauf la Corse.

Estimation de la population : de 1 à 3 millions de couples.

Préférences écologiques : espaces dégagés, herbeux ou non, grosses haies, arbres (isolés ou en bosquets).

L'allure décidée de la corneille noire.

Où l'observer : très facile à voir, tant au sol que perchée dans un arbre (souvent en haut de celui-ci).

Aspects comportementaux : elle est plus ou moins farouche selon les conditions locales (souvent peu farouche dans les villes où elle s'est installée). Elle vit en couple une partie de l'année, mais peut former localement des groupes pouvant compter plusieurs dizaines d'individus (ne doit alors pas être confondue avec le corbeau freux, nettement grégaire – voir pp. 52-53).

Nourriture : omnivore.

Nid : coupe de branchettes disposée dans un arbre, souvent assez haut.

Bon à savoir

En Corse, la corneille noire est remplacée par la corneille mantelée, une espèce voisine, bicolore (beige et noir).

Effraie des clochers

Ordre : strigiformes (rapaces nocturnes).

Famille : tytonidés (effraies et phodiles).

Taille : celle d'un pigeon.

Où la trouver : en été comme en hiver, dans toute la France, Corse comprise (évite la haute montagne).

Estimation de la population : de 20 000 à 50 000 couples.

Préférences écologiques : bâtiments et vieux arbres où nicher, entourés d'espaces dégagés où chasser.

Où l'observer : si l'on connaît sa retraite ou son nid, le mieux est de la guetter au moment où elle part en chasse, ou quand elle revient ravitailler sa nichée.

Aspects comportementaux : elle n'est pas particulièrement farouche, mais on n'a pas souvent l'occasion de s'en rendre compte... Normalement nocturne, elle peut toutefois se mettre à chasser au crépuscule (voire plus tôt si le besoin s'en fait sentir). Ses cris sont effrayants, évoquant de lugubres plaintes et gémissements.

Nourriture : rongeurs, musaraignes.

Nid : le plus souvent dans un bâtiment (grange, grenier, ruine, clocher...). Elle adopte facilement les nichoirs (mais ceux-ci doivent être sécurisés pour éviter la prédation des jeunes par la fouine).

Bon à savoir

L'effraie ne fréquente, pour chasser, que les jardins d'une certaine étendue et en général assez sauvages (une belle pelouse bien tondue ne lui offre que peu de ressources...). S'ils ouvrent sur la campagne, ce n'en est que mieux.

Épervier d'Europe

Ordre : accipitriformes (aigles, buses, milans, épervier d'Europe...).

Famille : accipitridés (aigles, buses, milans, épervier d'Europe...).

Taille : celle d'une tourterelle (mâle) ou d'un pigeon (femelle).

Où le trouver : en été comme en hiver, dans toute la France, Corse comprise.

Estimation de la population : de 30 000 à 50 000 couples, auxquels s'ajoutent les migrateurs et les hivernants aux époques correspondantes.

Préférences écologiques : espaces découverts où chasser, grosses haies et arbres où se percher.

Où l'observer : l'épervier d'Europe ne se montre presque jamais à découvert. Il est le plus souvent observé en vol, parfois noté au sol, notamment après une attaque, fructueuse ou non.

Un peu gênée par la pluie, une belle effraie des clochers particulièrement pâle.

Le regard perçant de l'épervier mâle.

Aspects comportementaux : très farouche et extrêmement furtif. Il vole souvent à faible hauteur (sauf lorsqu'il s'élève en plein ciel à l'occasion des parades printanières).

Nourriture : oiseaux, de taille petite à moyenne.

Nid : souvent dans un grand conifère, volontiers près du tronc.

Bon à savoir

L'épervier ne niche en général que dans les jardins d'une taille importante, suffisamment arborés et tranquilles.

Sa présence est le signe de la bonne santé des populations de passereaux dont il se nourrit.

Il heurte parfois les baies vitrées lors de la poursuite d'une proie, pouvant alors s'assommer ou même se tuer.

Étourneau sansonnet

Ordre : passériformes (passereaux).

Famille : sturnidés (étourneaux).

Taille : celle du merle.

Où le trouver : en été, dans presque toute la France (manque dans quelques secteurs du Sud-Est et en Corse) et en hiver dans toute la France, Corse comprise (où il n'est toutefois pas uniformément présent).

Estimation de la population : de 2 à 4 millions de couples. En hiver, l'arrivée d'étourneaux du nord et de l'est de l'Europe fait grimper les effectifs de l'espèce entre 40 à 60 millions d'oiseaux !

Préférences écologiques : arbres, arbustes, grosses haies, vergers (pour se nourrir ou nicher), espaces herbeux dégagés pour la recherche de nourriture au sol.

Où l'observer : l'étourneau sansonnet est très facile à observer tant au sol que perché – dans ce dernier cas, notamment quand il chante. Il se poste dans les arbustes, les arbres et sur les bâtiments et peut fréquenter les mangeoires.

Aspects comportementaux : d'ordinaire peu farouche (surtout en agglomération), grégaire (moins nettement durant la

L'étourneau sansonnet porte un plumage aux détails complexes.

période de nidification) et pouvant former des troupes très importantes. Très vocal, surtout au printemps, près du nid. C'est un excellent imitateur !

Nourriture : insectes, larves, vers et fruits, y compris ceux tombés au sol. Aux mangeoires, il recherche les matières grasses.

Nid : installé dans un trou d'arbre ou de mur, un nichoir.

Bon à savoir

L'étourneau n'a pas la faveur des jardiniers qui lui reprochent, par exemple, son goût prononcé pour les cerises... Il ne faut toutefois pas oublier qu'il est aussi un gros consommateur de larves et de vers nuisibles.

En Corse ainsi que dans certains endroits du littoral méditerranéen, vit l'étourneau unicolore : il est très proche de l'étourneau sansonnet.

Fauvette mélanocéphale

Ordre : passériformes (passereaux).

Famille : sylviidés (fauvettes, pouillots, roitelets, hypolaïs polyglotte...).

Taille : légèrement inférieure à celle du moineau.

Où la trouver : en été comme en hiver, dans le Midi méditerranéen et en Corse.

Estimation de la population : de 200 000 à 600 000 couples.

Préférences écologiques : buissons, haies, fourrés, arbustes et arbres.

Où l'observer : peu facile à observer (et susceptible d'agir sur les nerfs de l'observateur frustré...), la fauvette mélanocéphale ne se montre qu'épisodiquement et pour quelques secondes seulement, au sommet d'une branchette ou bien d'un rameau... La patience est de mise !

Dans une fraction de seconde, la fauvette mélanocéphale aura disparu à couvert...

Le geai des chênes passe une partie de l'automne à engranger des provisions.

Aspects comportementaux : extrêmement mobile et furtive, elle signale sa présence par de fréquents cris secs.

Nourriture : insectes, araignées, baies.

Nid : coupe d'éléments végétaux cachée dans une haie, un buisson, un arbuste.

Bon à savoir

Cela vaut la peine de s'acharner à voir le mâle de cette fauvette, un très bel oiseau dont l'œil rouge ne manque pas de classe.

Geai des chênes

Ordre : passériformes (passereaux).

Famille : corvidés (corbeaux, corneilles, pies, geais...).

Taille : intermédiaire entre celles du merle et du pigeon.

Où le trouver : en été comme en hiver, dans toute la France, Corse comprise.

Estimation de la population : de 500 000 à 1,5 million de couples, auxquels s'ajoutent migrateurs et hivernants, nombreux et bien visibles certaines années.

Préférences écologiques : arbres et arbustes.

Où l'observer : le geai des chênes n'est pas toujours facile à observer, car il se tient volontiers à couvert. Il est en revanche plus facile à voir en vol, car sa vitesse de déplacement est peu élevée. Il vient régulièrement au sol.

Aspects comportementaux : très farouche dans la plupart des cas. Très vocal, il pousse des cris aigres, mais peut aussi imiter toutes sortes de sons, y compris d'autres oiseaux, dont la buse.

Nourriture : omnivore ; adore les glands et les faines.

Nid : coupe de branchettes bien cachée dans un arbre, souvent contre le tronc.

Bon à savoir

À l'automne, le geai fait des provisions de glands qu'il cache en de multiples endroits ; doté d'une excellente mémoire, il en retrouve la plupart durant la mauvaise saison.

Grimpereau des jardins

Ordre : passériformes (passereaux).

Famille : certhiidés (grimpereaux).

Taille : inférieure à celle du moineau.

Où le trouver : en été comme en hiver, dans toute la France, sauf la Corse.

Estimation de la population : de 1 à 3 millions de couples.

Grimpereau des jardins agrippé à un tronc.

Préférences écologiques : arbres surtout, de préférence âgés, à écorce crevassée.

Où l'observer : le long des troncs d'arbres : il se confond alors avec l'écorce. Il ne vient pas au sol.

Aspects comportementaux : le grimpereau des jardins est assez peu farouche. Il escalade les troncs en partant de la base, en décrivant une spirale et, une fois parvenu à bonne hauteur, il s'envole vers la base d'un autre arbre proche et reprend son manège. Son chant est bref, aigu et enjoué : « tuti-tutitutiti ! ».

Nourriture : petits invertébrés et leurs larves.

Nid : amas désordonné d'éléments végétaux, dissimulé sous une écorce décollée, dans une cavité ou un nichoir.

Bon à savoir

Le grimpereau se repère souvent à ses cris aigus, fréquents, évoquant une émission en morse : « ti... ti-ti... ti ».

Grive draine

Ordre : passériformes (passereaux).

Famille : turdidés (grives et merles).

Taille : un peu supérieure à celle du merle.

Où la trouver : en été, presque dans toute la France, sauf en bordure de la Méditerranée et dans une petite partie de la Corse et en hiver dans toute la France, Corse comprise.

Estimation de la population : de 100 000 à 300 000 couples, auxquels s'ajoutent les oiseaux de passage lors des migrations et les hivernants (quelques centaines de milliers d'oiseaux).

Préférences écologiques : arbres, vergers, grosses haies, étendues herbeuses, terre nue.

Le bec sali de terre de cette grive draine prouve qu'elle est en quête de lombrics.

Où l'observer : dans les (grands) arbres, souvent au sommet, sur une branche dégagée et au sol.

Aspects comportementaux : en général, elle est farouche, mais peut l'être moins là où elle a compris qu'elle était en sécurité (notamment en milieu périurbain). Son vol est onduleux. À terre, elle sautille avec des bonds pesants. Son joli chant est fait d'une succession de phrases flûtées à tonalité mélancolique, un « drrrrr » surtout émis en vol.

Nourriture : vers, larves, baies, fruits.

Nid : nid de branchettes dans un arbre, souvent assez haut.

Bon à savoir

En période de nidification, la draine se montre intraitable avec les intrus approchant son nid. Qu'il s'agisse de rapaces ou de corvidés, elle les attaque en fonçant dessus et en criant.

Grive musicienne

Ordre : passériformes (passereaux).

Famille : turdidés (merles et grives).

Taille : un peu inférieure à celle du merle.

Où la trouver : en été, dans presque toute la France sauf dans la plupart du Midi méditerranéen et en Corse. En hiver, dans toute la France, Corse comprise.

Estimation de la population : 2 ou 3 millions de couples, auxquels s'ajoutent migratrices et hivernantes.

Préférences écologiques : espaces herbeux dégagés (y compris pelouses), haies, arbustes, arbres.

Où l'observer : facile à observer, aussi bien au sol que lorsqu'elle est perchée, notamment quand elle chante bien en vue durant de longues périodes.

Aspects comportementaux : peu farouche, elle passe de longs moments sur l'herbe à

En hiver, la grive musicienne apprécie les baies bleues du lierre.

traquer les vers. Son chant est composé de répétitions scandées de différents motifs (elle chante fort, beaucoup et tôt le matin !). Son cri est bref et très sec, « tsic ! ».

Nourriture : vers, baies, fruits.

Nid : coupe soignée d'éléments végétaux et de torchis, placée dans une haie ou un arbuste (conifères compris).

Bon à savoir

La grive musicienne ne doit pas être confondue avec la femelle du merle, dont la poitrine n'est pas mouchetée de sombre sur fond blanc.

Merle noir mâle, une patte au chaud dans les plumes.

Merle noir

Ordre : passériformes (passereaux).

Famille : turdidés (merles et grives).

Taille : celle du... merle !

Aussi belle que remuante, la mésange bleue est l'un des attraits du jardin.

Où le trouver : en été comme en hiver dans toute la France, Corse comprise.

Estimation de la population : 10 millions de couples environ, auxquels s'ajoutent migrateurs et hivernants.

Préférences écologiques : pelouses, zones herbeuses, buissons, haies, fourrés, arbustes et arbres.

Où l'observer : le merle noir se montre volontiers, notamment sur les pelouses et chante bien en vue, d'un point élevé (arbre, toit, cheminée...).

Aspects comportementaux : il est assez confiant mais reste prudent. Très émotif, il s'envole à couvert en poussant une série de cris paniqués s'il est inquiet. Il relève vivement la queue après s'être posé, puis l'abaisse lentement, à moins qu'il ne la hoche spasmodiquement sous le coup de l'émotion. Son chant flûté et mélodieux, bien connu, se compose de cris variés, dont un « douc-douc » gloussant et un « sssiii » très aigu.

Nourriture : vers, mollusques, baies et fruits.

Nid : coupe assez volumineuse, assez bien cachée dans une haie, un conifère, un rideau de lierre contre un bâtiment.

Bon à savoir

La femelle, brunâtre, et les jeunes, roussâtres, avec la poitrine plus ou moins tachetée de marques sombres, ne doivent pas être confondus avec une grive.

Mésange bleue

Ordre : passériformes (passereaux).

Famille : paridés (mésanges).

Taille : légèrement inférieure à celle du moineau.

Où la trouver : en été comme en hiver, dans toute la France, Corse comprise.

La mésange charbonnière femelle ne possède qu'une étroite bande ventrale noire.

Estimation de la population : de 3 à 5 millions de couples, auxquels s'ajoutent les migratrices et les hivernantes, en effectifs variables selon les années.

Préférences écologiques : haies, arbustes, arbres.

Où l'observer : un peu partout dans la végétation pas trop basse et aux mangeoires, et elle peut venir au sol.

Aspects comportementaux : elle est très peu farouche. Elle se suspend souvent aux rameaux ou aux boules de graisse et pousse des cris fréquents, souvent à tonalité « irritée ».

Nourriture : insectes, larves, araignées, graines (aux mangeoires, apprécie celles de tournesol).

Nid : dans un trou d'arbre ou de mur, ou dans un nichoir.

Bon à savoir

De la fin de l'été à celle de l'hiver, elle participe à des « rondes » de passereaux réunissant souvent d'autres mésanges, parfois aussi un pic épeichette ou des grimpereaux.

Mésange charbonnière

Ordre : passériformes (passereaux).

Famille : paridés (mésanges).

Taille : celle du moineau.

Où la trouver : en été comme en hiver, dans toute la France, Corse comprise.

Estimation de la population : de 5 à 10 millions de couples, auxquels s'ajoutent migratrices et hivernantes, en effectifs variables selon les années.

Préférences écologiques : haies, arbustes, arbres, vergers.

Où l'observer : un peu partout dans la végétation pas trop basse et aux mangeoires, elle peut aussi descendre au sol.

Aspects comportementaux : elle est très peu farouche. Elle aime se suspendre aux branchettes ou aux boules de graisse. Très vocale, elle a un large répertoire de chants (dont un joyeux « huititu, huititu » sifflé, typique) et de cris.

Nourriture : insectes, larves, araignées, graines (aux mangeoires, apprécie celles de tournesol).

Nid : dans un trou d'arbre ou de mur, un nichoir.

Bon à savoir

Une mésange charbonnière avec une belle « cravate » noire bien large est un mâle ; celle de la femelle est beaucoup moins marquée.

Mésange à longue queue

Ordre : passériformes (passereaux).

Famille : aegithalidés (mésanges à longue queue).

Taille : inférieure à celle du moineau mais longue queue.

Où la trouver : en été comme en hiver, dans toute la France, Corse comprise.

Estimation de la population : de 1 à 1,5 million de couples.

Préférences écologiques : haies, buissons, arbustes, arbres.

Où l'observer : elle se montre plus ou moins à découvert lors de ses explorations dans la végétation, mais ne vient pas au sol.

Aspects comportementaux : elle est peu farouche. À l'exception de l'époque de la nidification où elle vit par couples, cette petite « mésange » se rencontre presque toujours en petites bandes qui défilent, au vol ou dans la végétation, en poussant d'incessants cris de contact alternant de petits sifflements et de brefs « trrr » répétés. Elle vient rarement aux mangeoires.

Nourriture : petits invertébrés et leurs larves.

Nid : bourse ovoïde couverte de lichens et de toiles d'araignée, dans une haie, un arbuste ou un petit conifère, souvent contre le tronc.

Bon à savoir

Au printemps, une mésange à longue queue nicheuse se reconnaît à sa queue courbée déformée par le séjour au nid.

La mésange à longue queue, malgré son nom, n'appartient pas à la famille des « vraies » mésanges (celle des mésanges bleue ou charbonnière, par exemple).

Mésange nonnette

Ordre : passériformes (passereaux).

Famille : paridés (mésanges).

Taille : inférieure à celle du moineau.

Où la trouver : en été comme en hiver, dans presque toute la France sauf dans une partie du Midi méditerranéen et de la façade atlantique.

Estimation de la population : de 500 000 à 800 000 couples.

Préférences écologiques : arbres, de préférence feuillus, grosses haies...

Où l'observer : dans les branchages, souvent à une certaine hauteur, ainsi qu'à la mangeoire.

Aspects comportementaux : assez peu farouche, elle est très mobile et peut se suspendre à l'envers aux rameaux. Son cri est

Silhouette improbable et expression originale sont l'apanage de la mésange à longue queue.

La mésange nonnette, toujours pleine de dynamisme.

un énergique « pitsié ! » et son chant un trille plus ou moins long.

Nourriture : insectes, araignées, graines (à la mangeoire, celles de tournesol ont sa préférence).

Nid : dans un trou d'arbre, un nichoir.

Bon à savoir

La nonnette, la « petite nonne », a été ainsi nommée en raison des teintes de son plumage, rappelant celles de la robe de bure de certaines religieuses.

Moineau domestique

Ordre : passériformes (passereaux).

Famille : passéridés (moineaux).

Taille : celle du... moineau !

Où le trouver : en été comme en hiver, dans toute la France, Corse comprise.

Estimation de la population : de 4 à 8 millions de couples (en diminution).

Moineau domestique mâle.

Préférences écologiques : vit au contact de l'homme.

Où l'observer : partout, au sol comme dans la végétation ou sur les bâtiments.

Aspects comportementaux : très peu farouche, il est souvent en groupes plus ou moins importants selon la période de l'année et vient aux mangeoires, ou sous elles, pour profiter des graines tombées.

Nourriture : graines ; à la belle saison, insectes, y compris volants.

Nid : amas désordonné de végétaux dans une cavité de mur ou sous un toit. Il utilise les nichoirs.

Bon à savoir

En Corse notamment, le moineau domestique existe sous la forme du moineau cisalpin, considéré comme une sous-espèce.

Moineau friquet

Ordre : passériformes (passereaux).

Famille : passéridés.

Taille : celle du moineau.

Où le trouver : en été dans presque toute la France, Corse comprise (manque notamment en Bretagne et dans le Cotentin). En hiver, on la trouve dans presque toute la France, Corse (sur les côtes) et Cotentin (est) compris.

Estimation de la population : de 500 000 à 1 million de couples (en nette diminution).

Préférences écologiques : recherche la proximité de l'homme ; apprécie les vieux vergers.

Où l'observer : au sol, dans les arbres et sur les bâtiments.

Aspects comportementaux : souvent moins confiant que le moineau domestique, le moineau friquet vit en bandes plus ou moins importantes.

La joue du moineau friquet porte une tache noire.

Nourriture : graines et, à la belle saison, insectes.

Nid : amas désordonné de végétaux dans un trou de mur ou d'arbre. Il utilise aussi les nichoirs.

Bon à savoir

Le moineau friquet est sensiblement plus campagnard que son cousin le moineau domestique, et plus arboricole aussi.

Pic épeiche

Ordre : piciformes (pics et torcol).

Famille : picidés (pics et torcol).

Taille : celle du merle.

Où le trouver : en été, presque dans toute la France (sauf près de la Méditerranée et en Corse, dans une partie du Sud-Ouest, de la Bretagne et de la Normandie). En hiver, on le trouve dans toute la France, Corse comprise.

Le pic épeiche mâle a la nuque rouge.

L'épeichette a la taille d'un moineau...

Estimation de la population : de 500 000 à 1 million de couples.

Préférences écologiques : dépend des arbres, feuillus ou conifères.

Où l'observer : le long des troncs et sur les branches dégagées, au sommet des arbres. Il ne vient au sol qu'exceptionnellement.

Aspects comportementaux : assez farouche, il offre quand même de bonnes occasions d'être observé bien qu'il excelle à se dissimuler derrière un tronc. On le repère souvent à ses cris sonores « kik ! » ou « kip ! » répétés à intervalles irréguliers. Au printemps, il tambourine.

Nourriture : invertébrés trouvés sur les troncs, sous les écorces et dans le bois, graines des conifères, extraites des cônes. Il vient aux mangeoires.

Nid : loge creusée dans un tronc ou une grosse branche et parfois dans un nichoir.

Bon à savoir

La nuque du mâle porte une tache rouge. Les jeunes ont la calotte toute rouge.

Pic épeichette

Ordre : piciformes (pics).

Famille : picidés (pics et torcol).

Taille : celle du moineau.

Où le trouver : en été comme en hiver dans presque toute la France (sauf en Corse).

Estimation de la population : de 30 000 à 50 000 couples.

Préférences écologiques : grosses haies, vergers, arbres (surtout les feuillus).

Où l'observer : contre les troncs ou, souvent, au bout des petites branches du sommet des arbres (peupliers, par exemple). Ne vient pas au sol.

Aspects comportementaux : assez farouche. Lorsqu'il grimpe, il progresse par petits à-coups. Il peut se tenir agrippé sous une grosse branche et est très mobile quand il évolue dans les arbres. Il lance souvent un « kikikikikikiki » prolongé (imité par l'étourneau !) et tambourine, mais de manière moins sonore que l'épeiche.

Nourriture : insectes et leurs larves, pris dans le bois pourri, sous les écorces ou bien encore les feuilles.

Nid : dans une loge forée dans un tronc ou bien encore une grosse branche.

Bon à savoir

Un oiseau de toute petite taille posé le long d'une branche en haut d'un arbre est à coup sûr un pic épeichette.

Pic vert

Ordre : piciformes (pics et torcol).

Famille : picidés (pics et torcol).

Taille : celle d'un pigeon.

Où le trouver : en été comme en hiver, dans toute la France sauf en Corse.

Estimation de la population : de 500 000 à 1 million de couples.

Préférences écologiques : milieux alternant zones boisées et espaces herbeux dégagés.

Où l'observer : il est assez facile à observer au sol, mais souvent moins aisé à repérer dans les arbres.

Aspects comportementaux : assez farouche, il passe une bonne partie de son temps au sol, où il recherche en priorité les fourmis et leurs « œufs ». Le cri est un « rire » sonore ; il tambourine peu.

Pic vert aux aguets.

Nourriture : fourmis, autres insectes, mollusques et vers.

Nid : dans une loge forée dans un tronc ou une grosse branche.

Bon à savoir

Le mâle et la femelle possèdent tous deux des « moustaches » noires, mais seules celles du mâle sont ornées de rouge vif en leur centre.

Pie bavarde

Ordre : passériformes (passereaux).

Famille : corvidés (corbeaux, corneilles, pies, geais...).

Taille : celle d'un petit pigeon (mais queue très longue !).

Où la trouver : en été comme en hiver, dans toute la France, sauf la Corse.

Estimation de la population : 1 ou 2 millions de couples.

La pie bavarde doit être réhabilitée.

Préférences écologiques : milieux variés avec espaces dégagés, plutôt herbeux, grosses haies, arbustes et arbres, vergers...

Où l'observer : partout ! La pie vient au sol et se perche bien en évidence, souvent au sommet de grands arbres.

Aspects comportementaux : parfois audacieuse mais toujours très prudente. Lorsqu'elle est inquiète ou excitée, elle redresse nerveusement la queue. Ses jacassements sont bien connus, mais son chant, un gazouillis en sourdine uniquement audible de près, l'est moins !

Nourriture : omnivore (graines, vers, insectes, petits rongeurs, animaux morts...).

Nid : grosse coupe coiffée d'un « toit », le tout en branchettes ; à bonne hauteur, surtout en milieu fréquenté par l'homme.

Bon à savoir

Les cris de la pie, peu agréables à l'oreille, sont des signaux sociaux qui lui permettent de communiquer avec ses congénères.

Pigeon ramier

Ordre : columbiformes (pigeons et tourterelles).

Famille : columbidés (pigeons et tourterelles).

Taille : celle d'un gros pigeon.

Où le trouver : en été comme en hiver, dans toute la France, Corse comprise (sauf à haute altitude).

Estimation de la population : plus d'1 million de couples ; en hiver, plusieurs millions de ramiers venus du nord et de l'est de l'Europe séjournent en France, d'importants effectifs y passent lors des migrations.

Préférences écologiques : arbres, grosses haies arbustives, espaces herbeux dégagés. Il s'installe jusqu'au cœur des villes dans certaines régions.

Où l'observer : au sol et dans les arbres, de préférence ceux d'une certaine taille.

Aspects comportementaux : il est bien plus farouche à la campagne qu'en ville. Il ne

Le pigeon ramier et son col blanc.

vient pas au sol dans les jardins de petite taille. Son vol est territorial et onduleux, ponctué de claquements d'ailes dont son roucoulement reprend le motif plusieurs fois avant de conclure abruptement sur une note.

Nourriture : graines, bourgeons, pousses.

Nid : mince plate-forme de branchettes, dans un arbre ou une grosse haie.

Bon à savoir

Le pigeon ramier, c'est la palombe du Sud-Ouest. Les ramiers français, surtout ceux des villes, ont tendance à être assez sédentaires tandis que les ramiers originaires du nord ou de l'est de l'Europe effectuent, en nombres imposants, des déplacements migratoires qui les mènent jusqu'en Espagne via le survol des Pyrénées.

Pinson des arbres

Ordre : passériformes (passereaux).

Famille : fringillidés (pinsons, chardonnerets, verdiers...).

Taille : celle du moineau.

Où le trouver : en été comme en hiver, dans toute la France, Corse comprise.

Estimation de la population : de 3 à 5 millions de couples, auxquels s'ajoutent plusieurs millions de migrateurs et d'hivernants issus du nord et de l'est de l'Europe.

Préférences écologiques : espaces dégagés, herbeux ou non, haies, buissons, arbustes et arbres, vergers.

Où l'observer : au sol ou perché, souvent en vue.

Aspects comportementaux : il est plus ou moins farouche dans les jardins (selon la présence ou non de chats). À terre, il trottine de manière saccadée. Son chant est composé d'une petite mélodie descendante, souvent répété à de multiples reprises. Il n'est pas avare de ses cris, dont un « pink ! » incisif et un « hu-it » plus doux, parfois émis durant de longs moments.

Le pinson des arbres mâle est plus coloré que sa compagne.

Nourriture : graines, souvent petites mais pas exclusivement. Il se nourrit d'insectes et d'araignées et peut venir aux mangeoires et profiter des graines qui tombent au sol.

Nid : coupe soignée, dans un feuillu, une haie de conifères, sur un fruitier.

Bon à savoir

À l'envol, le pinson se reconnaît notamment aux marques blanches qui ornent sa queue et ses ailes.

Poule d'eau

Ordre : gruiformes (grues, râles, foulques...).

Famille : rallidés (râles, foulques...).

Taille : celle d'un pigeon (mais silhouette plus compacte).

Où la trouver : en été comme en hiver, dans presque toute la France, Corse comprise, sauf les hauteurs alpines, pyrénéennes et corses (ainsi que le Massif central en hiver).

Estimation de la population : de 200 000 à 400 000 couples.

Préférences écologiques : elle a besoin d'une mare ou d'un petit cours d'eau, entouré de végétation assez fournie.

Poule d'eau, aussi appelée gallinule poule-d'eau.

Où l'observer : sur l'eau ou la berge. Elle se perche parfois à faible hauteur.

Aspects comportementaux : selon les lieux et les individus, elle peut se montrer plutôt confiante ou très farouche. Elle ne cesse de hocher de la queue, parfois nerveusement et pousse un cri, un « rrout ! » sonore.

Nourriture : matières végétales et petits invertébrés (insectes, larves, mollusques...).

Nid : gros tas de végétaux, généralement dissimulé dans la végétation palustre ou riveraine.

Bon à savoir

La poule d'eau est désormais appelée gallinule poule-d'eau par les ornithologues (il existe d'autres espèces de gallinule à travers le monde).

Roitelet à triple bandeau

Ordre : passériformes (passereaux).

Famille : sylviidés (fauvettes, pouillots, roitelets, hypolaïs polyglotte...).

Taille : bien inférieure à celle d'un moineau.

Où le trouver : en été comme en hiver, dans presque toute la France, Corse comprise (absent d'une petite partie de la Normandie en été).

Estimation de la population : de 400 000 à 700 000 couples.

Préférences écologiques : il recherche prioritairement les conifères, mais tolère les feuillus.

Où l'observer : souvent dans le haut des arbres (et donc fréquemment à contre-jour).

Aspects comportementaux : peu farouche mais très remuant, il change sans cesse de perchoir ; il vole parfois sur place pour attra-

Le roitelet à triple bandeau, petit elfe.

Pas de jardin sans rougegorge !

per une proie au bout d'une touffe d'aiguilles. Il pousse de fréquents petits cris suraigus.

Nourriture : petits insectes et araignées.

Nid : petite coupe moelleuse, bien dissimulée au bout d'une branche ou parfois dans le lierre.

Bon à savoir

Le roitelet à triple bandeau est considéré comme le plus petit oiseau européen avec un poids qui peut ne pas dépasser les 4 g !

Rougegorge familier

Ordre : passériformes (passereaux).

Famille : turdidés (merles et grives).

Taille : celle d'un moineau.

Où le trouver : en été comme en hiver, dans presque toute la France, Corse comprise (sauf vers l'ouest du littoral méditerranéen en été).

Estimation de la population : 10 millions de couples environ. Importants contingents de migrateurs et d'hivernants (environ 10 millions pour ces derniers) tandis qu'une partie des nicheurs français part pour l'Espagne ou l'Afrique du Nord.

Préférences écologiques : haies, buissons, arbustes, arbres bordant des espaces dégagés herbeux...

Où l'observer : il se poste bien en évidence sur un piquet, un mur, le bout d'une branche basse ou plus haut dans un arbre et vient au sol où il sautille.

Aspects comportementaux : souvent très peu farouche, le rougegorge familier est connu pour venir jusqu'aux pieds du jardinier au travail ; il marque son inquiétude par des « courbettes » nerveuses et répétées. Son assiduité aux mangeoires est variable selon les individus et son chant inventif est nerveux et sonore. Son cri, typique, est un « tsic ! » explosif.

Nourriture : petits invertébrés et mollusques, vers, baies. À la mangeoire, le rougegorge familier prend de petites graines ou de la matière grasse.

Nid : coupe de tiges et de feuilles, bien cachée, bas ou au sol, souvent contre un talus.

Bon à savoir

Contrairement à ce que l'on pourrait penser, « le » rougegorge aperçu dans notre jardin n'est pas forcément toujours le même ! Un nicheur peut être remplacé par un migrateur de passage, auquel pourra succéder un hivernant...

Sittelle torchepot

Ordre : passériformes (passereaux).

Famille : sittidés (sittelles).

Taille : celle d'un moineau.

Où la trouver : en été comme en hiver, dans presque toute la France sauf dans l'ouest du Midi méditerranéen et en Corse.

Estimation de la population : de 500 000 à 1 million de couples.

Préférences écologiques : il recherche les arbres, notamment ceux ayant atteint leur maturité.

Où l'observer : facile à voir le long des troncs ou des grosses branches.

Aspects comportementaux : il est peu farouche et très mobile. Il pousse fréquemment divers cris, dont des « huit » sifflés, souvent répétés, et des « bibibibibibibibibi », qui attirent l'attention. Il fréquente volontiers les mangeoires.

Nourriture : invertébrés et graines d'arbres (samares, noix...), et à la mangeoire, il prend les graines de tournesol.

Le bec robuste de la sittelle torchepot.

Nid : installé dans une cavité d'arbre, en général une ancienne loge de pic épeiche. Parfois, il occupe un nichoir.

Bon à savoir

La sittelle maçonne à l'aide de boue l'entrée des cavités où elle niche, jusqu'à obtenir le diamètre qui lui convient.

Tourterelle turque

Ordre : columbiformes (pigeons et tourterelles).

Famille : columbidés (pigeons et tourterelles).

Taille : celle d'un petit pigeon.

Où la trouver : en été comme en hiver, dans presque toute la France, sauf les hauteurs alpines, pyrénéennes et corses.

Estimation de la population : sans doute de 500 000 à 1 million de couples.

Préférences écologiques : jardins, parcs, villes et villages et leurs abords, car elle se contente de zones pavillonnaires.

La tourterelle turque.

Où l'observer : au sol, sur les toits, les poteaux et fils aériens et dans les arbres.

Aspects comportementaux : souvent assez peu farouche, elle vit volontiers au contact de l'homme. Son vol nuptial ascensionnel est suivi d'une descente en plané, ailes et queue étalées. Elle vient au sol et aux mangeoires pour profiter des graines tombées de ces dernières. Elle roucoule fréquemment et pousse des plaintes nasillardes en vol.

Nourriture : graines prises au sol ; pousses, bourgeons...

Nid : plate-forme de branchettes légère, posée dans un arbre, sur un bâtiment ou divers supports artificiels.

Bon à savoir

En un demi-siècle, la tourterelle turque a conquis la France et une bonne partie de l'Europe.

Troglodyte mignon

Ordre : passériformes (passereaux).

Famille : troglodytidés (troglodytes).

Taille : bien inférieure à celle d'un moineau.

Où le trouver : en été comme en hiver, dans presque toute la France, Corse comprise (excepté sur l'ouest du littoral méditerranéen en été).

Estimation de la population : plus de 5 millions de couples.

Préférences écologiques : buissons, fourrés, arbustes, arbres, lierre...

Où l'observer : facile à voir. Il se perche souvent en vue au sommet d'une tige, d'un arbuste, au bout d'une branche, notamment pour chanter.

Aspects comportementaux : assez farouche, nerveux, remuant, il explore active-

Troglodyte mignon avec son petit bout de queue.

ment la végétation dans laquelle il se faufile en évoquant souvent un petit rongeur et passe d'un buisson à l'autre d'un vol bourdonnant. Son chant est tonitruant et fréquemment lancé (parfois même en hiver), et il pousse des cris secs, roulés, « trrrt ».

Nourriture : petits invertébrés, surtout insectes et araignées.

Nid : boule de mousse à entrée latérale, souvent dissimulé contre un tronc ou un talus, dans le lierre.

Bon à savoir

Un mâle peut ébaucher plusieurs nids et accueillir deux ou trois femelles, chacune choisissant alors un nid et en assurant l'aménagement intérieur.

Verdier d'Europe

Ordre : passériformes (passereaux).

Famille : fringillidés (pinsons, chardonnerets, sizerin flammé...).

Taille : celle du moineau.

Où le trouver : en été comme en hiver, dans toute la France, Corse comprise.

Estimation de la population : 2 ou 3 millions de couples.

Préférences écologiques : arbres, arbustes, haies et buissons, espaces herbeux...

Où l'observer : il se poste volontiers bien en vue, au bout d'une branche ou au sommet d'une haie, d'un arbuste ou d'un arbre.

Aspects comportementaux : il est assez peu farouche, mais reste prudent. Son vol nuptial chanté est spectaculaire, car l'oiseau décrit, à hauteur du sommet des arbres, un circuit aérien en battant des ailes comme un jouet mécanique. Il fréquente assidûment les mangeoires.

Nourriture : il apprécie les graines de rosiers et d'églantiers. À la mangeoire, il raffole des graines de tournesol.

Nid : coupe d'éléments végétaux, dans un arbuste, une haie, un arbre.

Bon à savoir

À la mangeoire, ce mauvais coucheur se montre querelleur et peu enclin à partager, d'où des conflits (sans gravité) avec ses congénères ou les mésanges.

Le verdier d'Europe, un hôte assidu des mangeoires.

Bien accueillir les fidèles au jardin

La plupart des conseils et astuces proposés en pages 48-49 et 61-63 concernent également les oiseaux visibles toute l'année. On évitera donc les répétitions en donnant ici quelques idées concernant plus particulièrement certaines espèces qui viennent d'être passées en revue dans cette partie.

Grimpereau des jardins

Laissez les plaques d'écorce décollées sur un arbre dépérissant que vous avez choisi de conserver encore quelque temps. Le grimpereau adore dissimuler son nid à l'abri de ces écorces soulevées.

Merle noir

Laissez des feuilles mortes, au moins pendant un temps, sous une haie, un petit bosquet ou un simple bouquet d'arbres. Le merle aime les retourner nerveusement pour y chercher les petits invertébrés qui ont trouvé refuge dans cette « litière ».

Mésange charbonnière et mésange bleue

Nichoir au printemps et mangeoire en hiver constituent la base incontournable de ce qui convient aux mésanges.

Mésange à longue queue

Un arbuste épineux touffu ou bien un petit conifère dense peuvent lui plaire pour y installer son nid.

Dès fin février ou en mars, selon les régions, vous pourrez disposer des plumes récupérées dans un poulailler ou sur un oreiller dans les haies du jardin : le nid douillet de la mésange à longue queue en nécessite plusieurs milliers.

Pic épeiche

Dans un vieux tronc d'arbre mort encore en place, creusez quelques trous de la taille d'une noisette que vous garnirez de graisse (beurre, saindoux...). Le pic épeiche adore venir y tremper le bec !

Troglodyte mignon

Quelques tas de fagots laissés à droite et à gauche permettent à ce minuscule oiselet de trouver un refuge en cas de danger. Il pourra aussi y trouver de petits invertébrés à déguster.

Et aussi...

Après avoir débarrassé votre pelouse des mousses qui ont tendance à l'envahir, laissez-les durant quelque temps en tas au sol ou, mieux, bien en vue sur un mur ou dans un arbuste. Les mésanges charbonnières et, surtout, les troglodytes en ont grand besoin pour, respectivement, garnir ou élaborer leur nid.

Les sédentaires nichent assez souvent tôt en saison, à un moment où la végétation ne s'est pas encore développée. C'est pourquoi le lierre manchonnant certains arbres ou de vieux murs est un refuge idéal pour les nids de plusieurs espèces comme le merle noir, la grive musicienne ou l'accenteur mouchet. En outre, les fruits du lierre sont une précieuse ressource alimentaire pour plusieurs espèces. L'on n'a jamais vu du lierre tuer un arbre ; s'il en prend totalement possession, c'est que l'arbre était déjà mort... En revanche, on se méfiera du lierre sur les murs.

Remis en place après avoir été nettoyés, les nichoirs peuvent être adoptés comme abris nocturnes par des oiseaux comme les mésanges, les moineaux ou les troglodytes, en dehors de la période de nidification.

Des migrateurs au jardin

Deux fois par an, le ciel est envahi par les oiseaux migrateurs en déplacement. La migration de printemps, ou prénuptiale, concerne les oiseaux qui remontent vers le nord ou mettent cap à l'est pour trouver ou retrouver les lieux où ils se reproduiront. La migration d'automne, ou postnuptiale, est bien plus massive puisqu'elle implique les jeunes oiseaux, dont beaucoup ne surmonteront hélas pas l'épreuve du grand voyage.

Les conditions du voyage

Aussi étonnant que cela puisse sembler, la migration se déroule en majorité de nuit. C'est un moyen d'échapper aux prédateurs et de profiter d'une plus grande fraîcheur ainsi que d'une meilleure qualité de l'air facilitant le vol. Nous pouvons toutefois constater visuellement le phénomène migratoire pendant la journée, encore qu'il soit possible d'entendre les cris des migrateurs nocturnes comme, par exemple, les grives mauvis. Mais outre la migration active, qui correspond aux déplacements des oiseaux, il existe une autre façon de se rendre compte du phénomène en observant la présence d'oiseaux jusque dans les jardins. Il peut s'agir d'oiseaux en halte migratoire (voir ci-dessous) ou en « migration rampante », c'est-à-dire continuant à se déplacer dans la direction choisie par eux mais en se contentant de le faire d'arbre en arbre, de buisson en buisson.

Une usine à graisse

Les migrateurs en halte doivent absolument se reposer et refaire le plein d'énergie avant de reprendre leur vol. Pour cela, ils se nourrissent de baies dont le sucre sera transformé en graisse, un précieux « carburant » pour la machine musculaire, qui sera « brûlé » lors des énormes efforts nécessités par le vol.

Des séjours à durée variable

Il est des migrateurs qui ne passent que quelques minutes au jardin, le temps par exemple de se poser sur un arbre afin d'examiner la situation avant de filer un peu plus loin. Cependant, ils peuvent aussi parfois rester quelques heures, nécessaires pour reconstituer les réserves énergétiques entamées par l'effort consenti. Le voyageur peut ainsi se poser au petit matin après son trajet nocturne et rester la journée ou, au contraire, se poser en début d'après-midi après un vol diurne.

Il est important de préciser d'une part que les « visiteurs de la belle saison » présentés à partir de la page 36, sont également des migrateurs, mais envisagés comme nicheurs, et, d'autre part, que plusieurs des oiseaux migrateurs mentionnés ci-après peuvent aussi être des nicheurs dans certains jardins (dans ce cas, une rubrique intitulée « nid » a été ajoutée).

Quelle destination ?

Certains migrateurs sont de grands voyageurs qui changent de continent lors de leurs déplacements, passant de l'Afrique à l'Europe et inversement.

D'autres ne sont que de modestes aventuriers qui se contentent de parcourir quelques dizaines ou centaines de kilomètres, pour aller, par exemple, du nord de la France au Midi, ou du sud de la France à l'Espagne.

Il faut enfin savoir que les déplacements en question n'ont pas lieu d'un coup, même si certaines étapes sont parfois impressionnantes, mais plutôt par une succession de sauts de puce.

Les espèces

Fauvette babillarde

Ordre : passériformes (passereaux).

Famille : sylviidés (fauvettes, pouillots, roitelets, hypolaïs polyglotte...).

Taille : proche de celle du moineau.

Où la trouver : en migration, essentiellement dans la moitié nord-est du pays. En période de nidification, uniquement dans la moitié nord-est du pays (du nord de la Bretagne à la Provence).

Estimation de la population : de 30 000 à 50 000 couples et des dizaines de milliers de migratrices au printemps ainsi qu'à l'automne.

Période de présence : d'avril à septembre ou octobre.

Fauvette babillarde mâle.

Préférences écologiques : elle apprécie les haies hautes et touffues avec épineux (prunellier, notamment).

Où l'observer : elle se tient en général dissimulée dans le feuillage.

Aspects comportementaux : elle est assez farouche, furtive. Son chant, bref, est la répétition pressée d'une note.

Nourriture : insectes et baies.

Nid : coupe d'éléments végétaux, dissimulée dans la végétation.

Bon à savoir

Babillarde, elle l'est, n'hésitant pas à lancer son chant à intervalles rapprochés, durant de longs moments.

Fauvette grisette

Ordre : passériformes (passereaux).

Famille : sylviidés (fauvettes, pouillots, roitelets, hypolaïs polyglotte...).

Taille : proche de celle du moineau.

Où la trouver : en migration dans toute la France, et en période de nidification aussi, sauf au bord de la Méditerranée, en montagne (Alpes et Pyrénées) et en Corse.

Estimation de la population : 1 ou 2 millions de couples et sans doute des centaines de milliers de migratrices.

Période de présence : d'avril à septembre.

Préférences écologiques : haies, fourrés, buissons, arbustes et arbres, avec de larges espaces dégagés.

Où l'observer : le mâle se pose volontiers en évidence sur un poste dominant et la femelle à l'abri de la végétation.

Aspects comportementaux : farouche, mobile et active, elle émet une petite phrase chantée souvent répétée et se lance aussi dans un bref vol chanté ascensionnel spectaculaire.

Nourriture : insectes et baies.

Nid : coupe lâche d'éléments végétaux dans une haie, un buisson, un fourré.

Bon à savoir

La grisette exige du naturel : un jardin trop ordonné ne lui conviendra pas tandis qu'un environnement rural favorisera son installation.

Cette fauvette grisette semble avoir repéré une proie.

Au contraire de son chant, très plaisant, le plumage de la fauvette des jardins est anodin. Noter les pattes gris bleuté.

Fauvette des jardins

Ordre : passériformes (passereaux).

Famille : sylviidés (fauvettes, pouillots, roitelets, hypolaïs polyglotte...).

Taille : proche de celle du moineau.

Où la trouver : en période de migration, dans toute la France et en période de nidification aussi, excepté dans une partie du Midi méditerranéen et du quart sud-ouest du pays.

Estimation de la population : plus d'1 million de couples, auxquels s'ajoutent les effectifs des migratrices de passage, au printemps et, surtout, à l'automne.

Période de présence : d'avril à octobre.

Préférences écologiques : buissons, fourrés, ronciers, haies, arbustes, arbres.

Où l'observer : la fauvette des jardins se tient en général volontiers dans la végétation, ce qui lui permet d'échapper ainsi facilement au regard.

Aspects comportementaux : assez farouche. Son chant est agréable et ses cris râpeux.

Nourriture : insectes et baies.

Nid : coupe d'éléments végétaux cachée dans un buisson ou un arbuste épineux, un petit conifère.

Bon à savoir

Malgré son nom, cette fauvette au plumage anodin mais au chant mélodieux ne fréquente pas assidûment les jardins, du moins ceux qui ne présentent pas un aspect assez naturel avec une végétation touffue ni, en général, une situation suffisamment rurale.

Gobemouche noir

Ordre : passériformes (passereaux).

Famille : muscicapidés (gobemouches).

Taille : proche de celle du moineau.

Où le trouver : en migration, dans toute la France. Au printemps, plutôt dans les régions orientales et, à l'automne, surtout dans la moitié occidentale du pays. En période de nidification, il est localisé dans certaines régions de la moitié est du pays.

Estimation de la population : entre 30 000 et 80 000 couples ; des centaines de milliers d'oiseaux lors des migrations, essentiellement en automne.

Période de présence : de mars ou avril à octobre.

Préférences écologiques : goût marqué pour les vieux arbres et les vergers anciens.

Où l'observer : dans les arbres, soit dans le feuillage, soit sur des branches dégagées ou mortes. On le trouve parfois en situation plus exposée, par exemple sur des fils de clôture, notamment durant la migration.

Aspects comportementaux : assez farouche et mobile, il sait se dissimuler. Les migrateurs font souvent entendre un « pit » caractéristique signalant leur présence.

Nourriture : insectes, baies et fruits.

Nid : dans un trou d'arbre, un nichoir.

Bon à savoir

Quand il accepte de nicher non loin de l'homme, ce qui est loin d'être une habitude, le gobemouche noir le fait surtout dans les parcs ou les grands jardins arborés, délaissant d'ordinaire ceux de petite taille.

Hypolaïs polyglotte

Ordre : passériformes (passereaux).

Famille : sylviidés (fauvettes, pouillots, roitelets, locustelle tachetée...).

Taille : proche de celle du moineau.

Où la trouver : en migration, dans presque toute la France et en période de nidification aussi, excepté l'extrémité de la Bretagne et une étroite frange orientale du pays (extrêmement localisée en Corse).

Une grande bavarde que cette hypolaïs polyglotte !

Estimation de la population : de 300 000 à 500 000 couples et sans doute des centaines de milliers de migratrices.

Période de présence : de mi-avril à septembre.

Préférences écologiques : haies, fourrés, arbustes, arbres, avec espaces herbeux dégagés.

Où l'observer : quand elle chante, elle se tient souvent sur un poste dominant mais reste, même alors, assez difficile à repérer en raison du plumage verdâtre.

Aspects comportementaux : farouche, l'hypolaïs polyglotte aime explorer la végétation. Son chant précipité, plus ou moins grinçant, débute fréquemment par une série de « cris de moineau ».

Nourriture : insectes.

Nid : coupe lâche d'éléments végétaux cachée dans une haie, un buisson, volontiers épineux.

Bon à savoir

Dans l'extrême nord de la France et en Alsace vit l'hypolaïs ictérine, cousine de l'hypolaïs polyglotte, mais elle est bien plus rare et localisée (moins de 3 000 couples). Très difficile à distinguer de sa proche parente autrement qu'au chant, elle peut s'installer dans les jardins naturels d'une certaine taille et proches de la campagne environnante.

Loriot d'Europe

Ordre : passériformes (passereaux).

Famille : oriolidés (loriots).

Taille : légèrement supérieure à celle du merle.

Où le trouver : en migration dans toute la France ou presque. Il en est de même en période de nidification, à l'exception de la Corse, d'une partie des Alpes, des Pyrénées, du Massif central, de la Normandie ainsi qu'en Bretagne.

Estimation de la population : de 100 000 à 300 000 couples auxquels s'ajoutent les migrateurs de passage.

Période de présence : de mi-avril à septembre (octobre).

Préférences écologiques : arbres (chênes, peupliers, hêtres...) d'une taille respectable.

Où l'observer : dans le feuillage où même le mâle jaune d'or est difficile à repérer...

Aspects comportementaux : farouche, il évolue toujours en hauteur. Son chant est un joli sifflement flûté « di-delio ! ».

Nourriture : insectes, chenilles, petits fruits.

Nid : berceau de fibres végétales tissé dans une enfourchure de rameaux, haut dans un arbre.

Bon à savoir

Cet oiseau ne daigne s'installer pour nicher que dans les grands jardins ou les parcs, avec de vieux arbres. On peut toutefois espérer le voir si l'on possède un cerisier...

Le nom du loriot est relativement trompeur puisque ce bel oiseau ne passe en Europe que 5 mois, contre 7 en Afrique !

Merle à plastron

Ordre : passériformes (passereaux).

Famille : turdidés (merles et grives).

Taille : celle du... merle.

Où le trouver : en migration presque dans toute la France avec une présence plus importante dans la partie occidentale du pays notamment au printemps.

Estimation de la population : des milliers de migrateurs traversent la France au printemps (surtout) et à l'automne.

Période de présence : lors de la migration prénuptiale, de mi-mars à mi-mai, et à l'occasion de la migration (présence sporadique en hiver) postnuptiale, de fin août ou début septembre à novembre.

Préférences écologiques : espaces ouverts, herbeux, avec haies, arbustes et petits arbres isolés.

Où l'observer : il est souvent perché en évidence, plutôt au sommet d'un buisson, d'un arbuste ou d'un arbre.

Aspects comportementaux : le merle à plastron est farouche, mais il évolue parfois en petits groupes lâches.

Nourriture : vers et baies.

Loriot d'Europe mâle au nid.

Merle à plastron.

Bon à savoir

Il existe deux sous-espèces du merle à plastron. L'une niche en France, uniquement dans les zones de montagne (sauf en Corse), et va hiverner dans le sud de l'Espagne et dans l'Atlas. L'autre (celle traitée ici) n'y est que migratrice de passage entre le nord de l'Europe et le sud de l'Espagne ou l'Afrique du Nord.

Pouillot fitis

Ordre : passériformes (passereaux).

Famille : sylviidés (fauvettes, pouillots, roitelets, hypolaïs polyglotte...).

Taille : inférieure à celle du moineau.

Où le trouver : en migration dans toute la France, et dans une large moitié nord du pays en période de nidification.

Estimation de la population : de 1 million à 1,5 million de couples, auxquels s'ajoutent les migrateurs de passage, aux effectifs importants.

Période de présence : de mars ou avril à octobre.

Préférences écologiques : arbres (feuillus), fourrés, buissons, grosses haies.

Où l'observer : dans les feuillages, plutôt en hauteur.

Aspects comportementaux : assez peu farouche, le pouillot fitis est actif et mobile, mais moins survolté que le pouillot véloce (voir pp. 41-42). Son chant consiste en une petite phrase sifflée descendante, souvent reprise.

Nourriture : insectes (y compris de très petite taille) et araignées.

Nid : bourse d'herbes bien cachée au sol, dans la végétation herbacée.

Bon à savoir

Distinguer autrement qu'au chant les pouillots fitis et véloce est affaire de spécialiste. Le fitis est en général moins fréquent dans les jardins que le véloce.

Torcol fourmilier

Ordre : piciformes (pics et torcol).

Famille : picidés (pics et torcol).

Taille : supérieure à celle du moineau.

Où le trouver : en migration dans toute la France, Corse comprise et en période de nidification, il manque dans un grand tiers nord-est du pays, ainsi qu'en bordure de la Méditerranée et le long de la vallée du Rhône.

Estimation de la population : de 10 000 à 20 000 couples (en nette régression) ; migrateurs aux effectifs inconnus.

Période de présence : de mars ou avril à octobre ou novembre (présence hivernale sporadique dans le Midi).

Préférences écologiques : en période de nidification, vieux vergers, grosses haies

Le pouillot fitis ressemble beaucoup à son cousin le pouillot véloce, mais son chant sifflé est bien différent.

avec vieux arbres. En migration, milieux variés, y compris dépourvus d'arbres.

Où l'observer : dans les arbres et au sol.

Aspects comportementaux : assez farouche, le torcol fourmilier explore les troncs et les branches en se tenant souvent, comme les pics (voir pp. 85-87), dans l'axe du support plutôt que transversalement. Son chant est une plainte répétée en séries et assez longue : « ouin-ouin-ouin-ouin... ».

Nourriture : insectes. Les fourmis constituent sa nourriture de prédilection.

Nid : dans un trou d'arbre, un nichoir.

Bon à savoir

Le plumage du torcol est à ce point semblable à l'écorce qu'il est souvent bien difficile de repérer l'oiseau, même quand on sait qu'il est là !

Des raretés au jardin

Les oiseaux ont ceci de merveilleux qu'ils sont imprévisibles. Leur mobilité aérienne leur permet de se déplacer avec une aisance confondante et de se trouver, à l'occasion, en des lieux où on ne les attendait absolument pas. Parmi ces derniers, les jardins sont parfois concernés, qu'ils soient seulement survolés par des oiseaux tout à fait inattendus ou que ces oiseaux rares y fassent halte. Pour être honnête, les chances de tomber sur de telles surprises sont quand même minces mais il n'est pas interdit de garder une part de rêve...

Dans quelles conditions ?

Les pages consacrées au déroulement de l'année ornithologique au jardin (pp. 34-35) font allusion à l'intérêt que présente

La longue langue gluante du torcol lui sert à capturer les fourmis et leurs œufs.

Vraies raretés, des étourneaux roselins venus d'Europe de l'Est ont déjà été observés dans de modestes jardins de banlieue, jusqu'en région parisienne !

l'automne, d'une façon générale. Cela est notamment vrai pour l'observation des oiseaux peu courants, voire carrément rares. Statistiquement, les énormes effectifs des oiseaux en déplacement à cette époque de l'année augmentent les chances de rencontres inhabituelles. Le printemps est également intéressant, mais sans doute davantage sur un plan qualitatif que quantitatif. Les oiseaux que l'on constate à cette saison appartiennent parfois à des espèces dont les représentants ont été emportés par leur ardeur (ou des vents traîtres !) vers des régions situées au-delà de celles qu'ils auraient dû atteindre en temps normal.

Une chose est sûre, plus on consacre de temps à regarder les oiseaux dans son jardin, surtout en période favorable, meilleures sont les chances d'être récompensé par des raretés ou, au moins, des observations peu communes.

Quels oiseaux ?

En matière de rareté, tout est une affaire de relativité. Pour un petit jardin de banlieue, un gobemouche noir (pp. 99-100) ou un rougequeue à front blanc (pp. 42 et 45) peuvent déjà être considérés comme des oiseaux inattendus tandis que dans un jardin breton, un rossignol égaré constitue une grosse surprise. Et puis il y a les véritables événements, comme l'observation d'un pouillot à grands sourcils venu de sa lointaine Sibérie, ou celle d'un gobemouche nain issu d'Europe orientale. Mais, là, c'est la loterie !

Le milan noir fait partie des espèces visibles au-dessus du jardin, surtout lors des migrations.

Bien accueillir les migrateurs au jardin

On l'a dit dans ces pages, tout jardin est susceptible de constituer une halte bienvenue pour les oiseaux migrateurs, que ce soit pour quelques instants ou plusieurs jours. C'est là qu'ils pourront se reposer et se nourrir pour reprendre des forces. Que leur proposer ?

• Les arbustes à fleurs, au printemps, permettront aux insectivores de capturer les insectes attirés et aux nectarivores, comme les fauvettes, de se régaler du suc à haute valeur énergétique distillé par les corolles.

• Une haie ou un bouquet de saules (de type saule marsault), grâce à leur floraison hâtive et abondante, offrent aux migrateurs comme le pouillot véloce ou la fauvette à tête noire la possibilité de capturer aisément des insectes.

• Choisissez plusieurs petits arbres et arbustes pour leur fructification estivale ou automnale, si importante pour les passereaux migrateurs car leur permettant de reprendre des forces au cours de leur épuisant voyage vers le sud. Le sureau, l'aubépine ou les pyracanthes, notamment, sont d'excellents choix.

• Les haies mixtes bien fournies offrent des possibilités aux migrateurs pour prendre du repos en toute sécurité. Pour les migrateurs diurnes, elles peuvent aussi constituer de bons sites de dortoir.

• De l'eau, toujours de l'eau : les migrateurs aussi boivent durant leurs haltes ! Il ne faut donc pas hésiter à leur en procurer et, pourquoi pas, en plusieurs endroits.

• Laissez les branches basses de quelques arbustes ou arbres, cela permet à des oiseaux insectivores chassant à l'affût, comme les rougegorges (ne pas oublier qu'il est aussi un migrateur !), les rougequeues ou les gobemouches, de disposer de postes de guet commodes d'où ils peuvent fondre sans effort sur leurs proies.

• Les migrateurs sont parfois affaiblis ou désorientés et donc plus vulnérables, surtout par mauvais temps. Surveillez donc davantage les allées et venues des chats, qui savent profiter des aubaines...

Et puis aussi...

Raretés exceptées, les dizaines d'espèces présentées au fil des pages précédentes constituent l'essentiel des oiseaux que l'on peut voir dans les jardins à travers la France selon les saisons. Elles ont fait l'objet d'un choix et ont bénéficié d'un traitement de faveur pour ce qui est de la place qui leur a été accordée. Il existe toutefois quelques autres espèces qui méritent d'être mentionnées.

Bec-croisé des sapins

Sauf certaines années où l'espèce se montre en nombre inhabituellement élevé, à l'occasion d'« invasions » qui peuvent intervenir dès l'été, ce bel oiseau est surtout un visiteur plus ou moins fréquent des jardins des régions montagneuses, à condition qu'ils soient plantés de sapins ou d'épicéas.

Bruant des roseaux

À l'automne, il n'est pas impossible que cet oiseau soit tenté de visiter un jardin naturel, de préférence situé au contact de la campagne et, mieux encore, à proximité d'une zone humide ou d'une pièce d'eau. Il ressemble superficiellement au moineau (voir pp. 84-85).

Le mâle du bec-croisé des sapins est rougeâtre.

Le plumage du bruant des roseaux est densément strié.

La discrète fauvette passerinette.

Guêpier perché près de son nid.

Fauvette orphée

Méditerranéenne déclarée, cette fauvette migratrice au chant plaisant – il lui a valu son nom ! – se rencontre parfois dans les jardins, plutôt ceux à la végétation luxuriante. Elle préfère en outre qu'ils lui permettent de ne pas trop s'éloigner des fourrés et taillis qu'elle apprécie.

Fauvette passerinette

Encore une méridionale présente à la belle saison. Les jardins ensauvagés lui plaisent, plus encore s'ils ne sont pas éloignés du maquis, son milieu d'élection. Son chant est agréable.

Guêpier d'Europe

Si l'on a la chance d'habiter près d'une colonie de guêpiers, il est fréquent que ces oiseaux survolent le jardin pour capturer un insecte ou même se posent sur un arbre mort. Ces splendides hôtes estivaux vivent surtout dans la moitié sud du pays, notamment dans les régions méditerranéennes.

L'orphée est une grosse fauvette.

La linotte mélodieuse mâle dans sa rutilante livrée printanière.

Linotte mélodieuse

Ce joli passereau (le mâle en plumage nuptial est superbe !) se pose parfois dans des jardins où il sait pouvoir trouver les petites graines qu'il affectionne. La linotte peut même parfois consentir à nicher dans les jardins dont le « fouillis » de la végétation lui convient.

Locustelle tachetée

Un gros insecte fait entendre un cliquetis prolongé ? Ne serait-ce pas plutôt une locustelle tachetée ? Cette fauvette aquatique fait parfois halte au printemps dans les jardins ruraux dotés de haies touffues ou d'une végétation herbacée développée.

La locustelle tachetée chante cachée.

Moineau soulcie

Plutôt méridional, le soulcie est l'hôte plus ou moins assidu de certains jardins associés à des bâtiments anciens où il aime à installer son nid à l'abri d'une cavité. Il ressemble de façon assez étroite à une femelle de moineau domestique, mais s'en distingue notamment par des taches blanches au bout de la queue.

Pie-grièche à tête rousse

Mieux vaut avoir un jardin situé dans la moitié sud de la France si l'on veut avoir une petite chance d'apercevoir ce splendide passereau uniquement présent à la belle saison. Si le jardin donne sur la garrigue, le maquis ou les vignes, les chances sont bien améliorées.

Une pie-grièche à tête rousse amie de la chaleur et de la lumière.

Le jaseur boréal, un pur joyau

Comme tous les joyaux, il est rare ! Avec le jaseur boréal, il faut faire preuve de patience, car il ne daigne se montrer de manière sérieuse que très irrégulièrement, lors « d'invasions » parfois spectaculaires. Des années peuvent passer sans qu'il pointe le bout de sa huppe, sauf si l'on habite dans l'est ou le nord-est de la France, régions où il apparaît dorénavant chaque année en automne ou en hiver. Cet amateur de baies fréquente volontiers les jardins et les parcs, jusqu'en pleine ville.

Savoir observer
les oiseaux du jardin

Il n'est pas question de faire de vous un trappeur sur la piste des oiseaux du jardin mais de mettre à votre disposition à la fois des méthodes de base – sans lesquelles il est difficile d'obtenir des résultats – et des astuces qui facilitent et améliorent l'observation. Le matériel optique a son importance, même dans les limites parfois modestes d'un jardin, et on doit donc pouvoir le choisir en disposant des conseils appropriés.

Ainsi doté des méthodes adaptées et du matériel voulu, à vous les observations ornithologiques réalisées dans les meilleures conditions, sans gêner les oiseaux. De bien agréables moments en perspective !

Ci-contre : pic épeiche (voir pp. 85-86).

Quand observer ?

Il n'y a pas vraiment de temps mort au jardin pour l'observation des oiseaux et il est exceptionnel qu'aucun d'entre eux ne soit visible pendant une période prolongée. Dans la partie consacrée à la présentation des oiseaux du jardin, la notion de saisonnalité a été abordée (voir pp. 34-35). Voyons à présent quelques exemples de ce qui peut se passer dans un jardin « idéal » de mois en mois. Naturellement, chaque jardin est particulier et ne verra pas se dérouler tous les événements présentés ici, mais il suffit parfois d'être informé pour découvrir quelque chose que l'on n'avait pas remarqué jusque-là.

Janvier

C'est le cœur de l'hiver ornithologique. Par vague de froid, guettez l'arrivée des grives nordiques ou des pinsons du Nord (voire des jaseurs...). Surveillez les hôtes de la mangeoire, surtout en cas d'enneigement prolongé...

Février

Mois souvent surprenant qui peut marquer un sursaut de l'hiver (voir à « janvier ») ou l'arrivée du printemps (voir à « mars ») !

Mars

C'est le mois du retour des premiers migrateurs, qu'ils soient de petits voyageurs (pouillot véloce) ou des globe-trotters patentés (hirondelle rustique), et des premières nidifications (merle).

Avril

La migration prend progressivement de l'ampleur. Chaque jour est susceptible d'apporter une nouvelle espèce : il faut ouvrir l'œil et l'oreille ! La nidification monte en puissance : les mésanges gagnent les nichoirs.

Mai

Il faut (ou faudrait) être au jardin tous les jours ! Les nicheurs s'activent : c'est le moment d'observer les parents avec la becquée. Quelques migrateurs passent encore jusqu'à la fin du mois.

Les pigeons ramiers se rassemblent en hiver.

Juin

Les jeunes oiseaux sont partout et, le plus souvent, se font entendre. Les cris insistants des mésanges réclamant leur pitance résonnent dans les feuillages.

Juillet

Et si vous en profitiez pour jardiner ? Il est vrai que sur le plan ornithologique, c'est assez calme : les jeunes se sont émancipés, devenant silencieux. De nombreux adultes, occupés à muer (renouvellement du plumage), se font discrets.

Août

L'activité reprend, surtout à partir du milieu du mois avec le passage des premiers migrateurs (pouillots, fauvettes, gobemouches...) et la reprise de quelques chants, souvent timides.

Septembre

La migration prend peu à peu de l'ampleur. Certains oiseaux ont déjà quitté le jardin, mais sont parfois remplacés par d'autres, si bien qu'il est difficile de se rendre compte des mouvements.

Octobre

Un seul mot : migration. On pourra la suivre en constatant la présence d'oiseaux en halte mais aussi en levant les yeux vers le ciel. De bonnes surprises sont possibles ce mois-ci.

Novembre

Guettez l'arrivée des oiseaux nordiques (grives, tarins, pinsons...). Certains resteront, devenant alors des hivernants, d'autres poursuivront leur route plus au sud.

Décembre

Les mangeoires deviennent un lieu de rendez-vous incontournable. Un suivi régulier permettra peut-être de tomber sur une espèce inhabituelle, comme un grosbec ou un pic épeiche...

Au fil du jour

« Le monde appartient à ceux qui se lèvent tôt », affirme-t-on en France. Pour observer les oiseaux du jardin dans les meilleures conditions, c'est la même chose, mieux vaut se lever tôt ! Au printemps notamment, les premières heures du jour sont particulièrement propices : les oiseaux sont actifs, car ils doivent nourrir leurs nichées sans tarder, et les mâles se font entendre, formant ce que l'on appelle joliment le « chœur de l'aube ». L'activité a tendance à se calmer en cours de journée, surtout par forte chaleur – en hiver, à moins qu'ils n'aient déjà établi leur équilibre énergétique, les oiseaux restent actifs pour chercher l'indispensable nourriture qui leur donnera la force d'affronter la longue nuit froide. On constate ensuite généralement une reprise d'activité en fin de journée avec, au printemps, un second concert, toutefois nettement moins ample que celui du matin.

Le comportement à adopter

L'observation des oiseaux du jardin peut se pratiquer de deux manières principales. L'une, passive, en laissant les oiseaux venir à soi, l'autre, active, en allant vers eux. Dans le premier cas, on pratique plus ou moins une forme d'affût ; dans le second, il s'agit de ce que les ornithologues de terrain nomment l'approche.

L'affût

Il a ceci de pratique qu'au jardin, surtout s'il est de taille modeste, on peut y recourir sans même sortir de chez soi. Bien installé dans un fauteuil, près d'une fenêtre, il suffit de jeter un coup d'œil dehors pour espérer voir des oiseaux. On peut aussi mettre à profit un appentis, une cabane de jardin ou un hangar à bois. Il est également possible d'installer un affût provisoire avec quelques piquets et une simple toile, par exemple près d'un point d'eau ou à proximité d'un nichoir (en respectant une distance raisonnable dans ce dernier cas).

Une mangeoire bien approvisionnée et fréquentée constitue un site d'observation idéal.

La mangeoire

C'est vraiment un centre d'attraction pour l'observateur. On pourrait passer des heures à surveiller ce qui s'y passe ! Mis en confiance, les oiseaux ne prêtent absolument plus attention aux personnes qui les regardent de l'autre côté de la vitre. Avec des jumelles ou une lunette, on peut réaliser des observations saisissantes de précision. Les comportements sont intéressants à étudier et, de temps à autre, on a la bonne surprise d'une espèce un peu moins courante, voire assez rare. Mais cela est fonction de l'assiduité...

L'approche

Évidemment, dans un petit jardin, les possibilités d'approcher les oiseaux sont plutôt limitées en raison de la distance de fuite qui les fait s'envoler de plus ou moins loin selon les espèces. Un grand jardin se prête mieux à ce type de démarche.

Quoi qu'il en soit, il existe deux ou trois règles à appliquer pour mettre toutes les chances de votre côté. Pour commencer, ne vous dirigez jamais directement vers un oiseau que vous souhaitez observer de plus près. Le mieux est de louvoyer, en faisant semblant de vous intéresser à autre chose, pour donner le change. Évitez la précipitation. Progressez lentement, vos gestes doivent rester calmes, notamment lorsque vous braquez vos jumelles. Pendant toute la phase d'approche, surveillez l'oiseau pour déterminer s'il s'inquiète. Si c'est le cas, les plumes de la calotte peuvent se gonfler ou se plaquer (ou les deux tour à tour), le plumage peut également se plaquer, et les pattes se fléchir pour préparer l'envol, le tout accompagné de petits cris. Dans ces conditions, n'insistez pas...

Encore un conseil : vous pouvez couper l'approche par de petites pauses, soit en restant à découvert, ou mieux encore, en profitant des possibilités offertes par le jardin pour vous fondre dans le paysage, derrière un tronc, contre une haie...

Le rougegorge se laisse assez facilement approcher.

Cris et chants

Vous pouvez certes observer les oiseaux, mais aussi les entendre. L'ouïe est même un moyen souvent privilégié pour repérer les oiseaux, notamment au printemps, lorsque les feuillages forment un écran parfois bien gênant. Le nombre d'espèces visibles au jardin étant relativement limité, il est envisageable, avec un peu de pratique, de parvenir à reconnaître les principales vocalisations que l'on entend autour de soi. Le chant rythmé du troglodyte, le « tic-tic » du rougegorge ou le roucoulement monotone de la tourterelle turque peuvent finir par être mémorisés.

Notez vos observations auditives et comparez-les avec des enregistrements consacrés aux oiseaux des jardins. Vous pouvez aussi vous aider des indications figurant dans les fiches descriptives des espèces rassemblées dans le présent ouvrage.

Le matériel optique

Vous pouvez vous contenter de regarder les oiseaux à l'œil nu, surtout si vous avez une bonne vue, mais cela se révèle quand même assez vite plutôt frustrant. Pour bien profiter du spectacle, mieux vaut s'équiper de jumelles.

Bien choisir ses jumelles

Les ornithologues détenteurs d'un jardin ont en général de vieilles jumelles posées en permanence à côté de la fenêtre de la cuisine ou du salon. Elles permettent de vérifier l'identité d'un oiseau, de mieux suivre un comportement intéressant, de profiter de la vision d'un oiseau peu commun ou, tout simplement, de sa beauté. Les jumelles qu'ils utilisent pour leurs observations à l'extérieur sont souvent plus récentes et de meilleure qualité. Les unes comme les autres peuvent offrir un grossissement de 7 ou 8 (voir 10), pour un diamètre d'objectif d'un rapport au moins égal à 5 quand on le divise par le grossissement : 35 mm, 40 mm et 50 mm pour un grossissement de 7, 8 ou 10, respectivement. Ces valeurs apparaissent sur l'instrument sous la forme « 7 x 35 », par exemple.

Quand on est amené à jardiner beaucoup mais que l'on ne veut pas rater un oiseau intéressant, mieux vaut se munir de petites jumelles de poche, comme des 8 x 24, et

Une bonne prise en main des jumelles garantit la stabilité de l'image.

les choisir de bonne qualité. À ce sujet, il est évident que plus on acceptera de débourser une somme importante pour acheter des jumelles, et meilleures elles seront. Si vous vous limitez essentiellement à l'observation dans votre jardin, un modèle tout à fait satisfaisant pourra vous coûter moins de 200euros. Si vous avez d'autres ambitions, il vous faudra dépasser cette somme...

La longue-vue

Elle n'est pas indispensable au jardin mais une fois que l'on y a goûté, il est difficile de s'en passer. Je connais des ornithologues qui ont une petite longue-vue braquée en permanence sur leur jardin, souvent sur la mangeoire. En offrant un grossissement de 20 à 60 fois, elle permet véritablement de s'immiscer dans l'intimité des oiseaux, de découvrir de manière absolument saisissante les détails de leur plumage. L'inconvénient, outre qu'elle nécessite un trépied, est son prix. Une longue-vue correcte ne saurait coûter moins de 600 euros, et les prix peuvent facilement s'envoler au-dessus de 1500 euros avec, il faut le reconnaître, une qualité en proportion.

La photo

Les appareils photo numériques compacts sont devenus si peu onéreux et sont d'un emploi si aisé qu'il serait bien dommage de s'en passer. Souvent dotés d'un zoom optique (et d'un zoom numérique plus puissant mais donnant des images de qualité moindre), ils sont suffisants pour faire des photos des oiseaux du jardin, notamment à la mangeoire. Ce ne seront sans doute pas toujours des clichés éblouissants, mais ces clichés seront au moins des souvenirs et pourront même permettre de préciser des identifications d'oiseaux inconnus de vous, en les soumettant à des ornithologues compétents ou en les comparant aux illustrations des guides ou aux photos disponibles sur Internet (voir les adresses utiles en page 124).

Si l'on possède une longue-vue de bonne qualité, on peut même se lancer dans la digiscopie, procédé combinant cet instrument et un compact numérique pour d'excellents résultats (là aussi, se reporter aux adresses utiles : p. 124).

Le nec plus ultra : télé, jumelles et appareil haut de gamme !

Prudence

Aucune photo ne justifie que l'on nuise à un oiseau d'une manière ou d'une autre, surtout en période de nidification. On respectera donc toujours une distance minimale suffisante pour ne pas inquiéter les oiseaux que l'on souhaite photographier. Cette limite varie selon les espèces, mais se situe autour d'une dizaine de mètres pour les petits passereaux (une vingtaine si l'oiseau est nicheur), et représente environ le double de ces valeurs pour les oiseaux de plus grande taille. Dès qu'un oiseau manifeste de la nervosité ou s'enfuit, c'est que vous avez franchi la limite invisible : battez en retraite aussitôt !

Quelques comportements à observer et à comprendre

Se consacrer à l'observation est déjà une bonne chose. L'étape suivante, qui consiste à comprendre ce que l'on observe, est plus gratifiante encore. Le stade ultime est celui où l'on est capable de prévoir les comportements que vont adopter les oiseaux du jardin.

L'emploi du temps

Quand commence la journée des différentes espèces ? Quand cessent-elles d'être actives ?

Les activités sont-elles fonction des conditions météorologiques ? Qu'est-ce qui change d'une saison à l'autre chez une même espèce ?

Les déplacements

L'observation des façons de se déplacer est instructive. Certains oiseaux le font en se cachant alors que d'autres ne craignent pas de se montrer. Les types de vol sont également différents d'une espèce à l'autre.

La recherche de nourriture

C'est sans doute l'activité à laquelle les oiseaux consacrent le plus de temps, notamment en dehors de la période de nidification. Les stratégies sont multiples et intéressantes à comprendre, des guetteurs d'insectes aux consommateurs de baie en passant par les picoreurs de graines.

La toilette

Les oiseaux passent énormément de temps chaque jour à entretenir leur plumage. C'est l'occasion de détailler les attitudes de lissage, de grattage et d'ébrouement.

Les conflits

Ils sont le plus souvent rituels et ne dégénèrent que rarement. Qu'ils aient lieu entre congénères ou entre membres d'espèces différentes, ce sont des moments forts auxquels il est intéressant d'assister.

Rien ne va plus chez les guêpiers !

Les alarmes

Des cris, des oiseaux qui filent se mettre à l'abri : les alarmes sont comprises par les congénères de l'oiseau émetteur mais aussi par les représentants des autres

Le cri, comme chez cette bergeronnette des ruisseaux, est souvent une marque d'inquiétude.

espèces. Il existe même des cris pour signaler des dangers aériens (épervier...), différents de ceux utilisés pour avertir d'un péril terrestre (chat...).

Le chant

On ne se lasserait pas de voir et d'entendre les oiseaux chanter, surtout quand ils le font bien. L'effort est si intense que, souvent, on voit tout le corps du soliste vibrer!

Les parades nuptiales

Elles ne sont pas toujours visibles, mais quand on parvient à assister à l'une d'elles, c'est un émerveillement ! Même chez des oiseaux aussi « anodins » que le merle ou le rougegorge, c'est un petit spectacle dont les participants apparaissent totalement différents de ce qu'ils sont d'ordinaire.

La construction du nid

Dès le mois de février, et jusqu'en mai ou juin, il n'est guère difficile de surprendre les oiseaux en train de construire leur nid. Une paille ou une plume au bec, ils se hâtent de bâtir le logis provisoire de la nichée.

L'élevage des jeunes

De mars à juillet, globalement, le nourrissage des oisillons offre de multiples occasions d'observer les adultes avec des proies au bec. Inutile de préciser que c'est le moment ou jamais de laisser tranquilles les oiseaux...

L'individualisation des oiseaux

L'un des aspects les plus intéressants de l'observation est de chercher à reconnaître certains des oiseaux qui fréquentent le jardin. Aucun oiseau n'est en effet identique en tous points à ses congénères. Ainsi est-il possible de finir par reconnaître tel ou tel oiseau parmi ceux qui restent suffisamment longtemps dans le jardin. Il peut avoir une plume tordue ou une marque au bec, un ongle manquant ou tout autre détail qui permettra de l'identifier facilement. Vous pourrez ainsi vérifier combien de temps il fréquente le jardin et quelles sont ses habitudes – les oiseaux sont très routiniers !

Le recueil des observations

Réaliser des observations dans son jardin peut n'être qu'un passe-temps agréable auquel on se livre de façon plus ou moins assidue. Mais ce peut aussi devenir un peu plus, à condition de prendre quelques notes. Cela permettra, entre autres, de conserver la mémoire ornithologique de son jardin.

Que noter ?

Vous pouvez vous contenter de noter les espèces que vous avez vues et les dates auxquelles vous les avez observées. Il est possible d'ajouter à cette base minimale des indications concernant les effectifs relevés. C'est ainsi que l'on peut se rendre compte, par exemple, des passages migratoires diffus : si l'on a l'habitude de recenser deux merles et que l'on passe à trois puis à cinq sur une semaine, c'est que des migrateurs fréquentent le jardin.

Il n'est pas mauvais, lorsque cela est possible, de préciser le sexe et l'âge des oiseaux, après consultation des guides d'identification.

Les notes peuvent également se rapporter aux comportements, tels que ceux décrits aux pages précédentes (voir pp. 120-121).

Une idée parmi d'autres

Notez chaque année, à dates fixes, les oiseaux que vous observez et entendez au jardin durant une heure. Comparez ensuite vos observations d'année en année et tentez de dégager des tendances.

Rien ne remplace les notes consignées sur le vif !

Comment noter ?

Les meilleures notes sont indéniablement celles que l'on prend en direct. Ayez un petit carnet avec vous pour les consigner « à chaud ». Ces notes seront éventuellement reportées sur un cahier d'observations ou sur ordinateur (pensez aux sauvegardes !). Sinon, on peut toujours se contenter de notes prises en fin de journée ou chaque semaine, en s'en tenant aux faits principaux. En fait, rien n'est obligatoire en la matière et l'agrément que l'on retire de l'observation ne doit pas être gâché par des contraintes...

À qui transmettre ses observations ?

Là encore, pas d'obligation. Si l'on souhaite garder pour soi ses observations, pourquoi pas ? Si en revanche, on a l'intention d'en faire profiter la communauté ornithologique, il faut le faire par le biais d'associations locales, départementales ou régionales. Il y a toutefois de fortes chances pour que ce qui intéresse les collecteurs de données soit des informations utiles, comme la présence d'espèces peu communes, le recensement d'effectifs inhabituels ou des indices relatifs à la nidification. Ces derniers sont particulièrement utiles pour alimenter les enquêtes locales ou nationales, comme l'atlas des oiseaux nicheurs de France, lancé en 2009 par la LPO (Ligue de Protection des Oiseaux).

La « garden list »

C'est le terme, venu d'outre-Manche et d'outre-Atlantique, qu'utilisent parfois les ornithologues (les « ornithos ») pour parler de la liste des oiseaux qu'ils ont vus dans leur jardin (au sens strict), en y ajoutant éventuellement ceux qu'ils ont observés depuis leur jardin. Cette « liste du jardin », que les Québécois nomment « liste de la cour », peut se décliner en liste mensuelle, annuelle ou en liste totale, allongée d'année en année. On peut aussi s'amuser à déterminer quel nombre maximal d'espèces on est parvenu à recenser au jardin en un seul jour, par exemple, et chercher ensuite à battre ce record. C'est de cette façon ludique que l'on finit parfois par tomber sur des choses intéressantes...

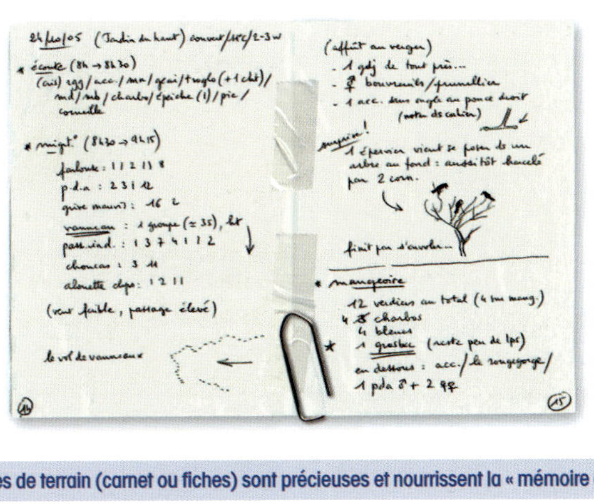

Prises sur le vif, les notes de terrain (carnet ou fiches) sont précieuses et nourrissent la « mémoire ornithologique du jardin ».

Bibliographie

Les oiseaux au jardin

- *Chant des oiseaux de mon jardin* (+ CD audio), Guilhem Lesaffre, éditions Rustica, 2009.
- *Les Oiseaux du jardin*, Guilhem Lesaffre, éditions Rustica, 2007.
- *Le Traité Rustica des oiseaux du jardin*, Guilhem Lesaffre, éditions Rustica, 2007.
- *Nichoirs & Cie*, Bernard Bertrand et Thierry Laversin, éditions de Terran, 2006.
- *Petites bêtes de nos maisons*, Vincent Albouy, éditions De Vecchi, 2005.
- *La Nature sous son toit*, Jean-François Noblet, éditions Delachaux et Niestlé, 2005.
- *Nourrir les oiseaux*, John A. Burton, éditions Delachaux et Niestlé, 2005.
- *L'Ami des oiseaux*, Robert Burton, éditions Larousse, 2004.
- *Nourrir et abriter les oiseaux*, André Mauxion, éditions Ouest-France, 2003.
- *Le Jardin des oiseaux*, R. Burton, éditions Delachaux et Niestlé, 1998.
- *Les Oiseaux des villes et des villages*, Jean-François Dejonghe, éditions du Point Vétérinaire, 1983.

Guides d'identification

- *Guide Peterson des oiseaux de France et d'Europe*, R.T. Peterson, G. Mountfort et P.A.D. Hollom, adaptation française de Paul Géroudet, éditions Delachaux et Niestlé, 2006 (les nombreuses éditions antérieures portaient le titre *Guide des oiseaux de France et d'Europe* ; on peut les « dénicher » chez les bouquinistes...).
- *Les Oiseaux d'Europe, d'Afrique du Nord et du Moyen-Orient*, Lars Jonsson, éditions Nathan, 2008.
- *Le Guide ornitho*, Killian Mullarney, Lars Svensson, Dan Zetterström et Peter J. Grant, éditions Delachaux et Niestlé, 2004.
- *Oiseaux de France et d'Europe*, Rob Hume, éditions Larousse, 2005.
- *Les Oiseaux par la couleur*, Marc Duquet, éditions Delachaux et Niestlé, 2007.
- *La Vie des oiseaux* (ouvrage de base en plusieurs volumes), Paul Géroudet, éditions Delachaux et Niestlé, 1940 à 1998.

Revues et brochures

- *La Hulotte* n° 10, dossier nichoirs, mars 1973.
- *Cahier technique de La Gazette des Terriers* n° 6, « Jardin sauvage », FCPN, 2001.
- *Cahier technique de La Gazette des Terriers* n° 7, « Aidons les martinets et les hirondelles », FCPN, 2001.
- *L'oiseau magazine* n° 50, printemps 1998.
- *Nourrir et abriter les oiseaux* et *Observer et aider les animaux en hiver*, brochures de l'Aspas (Association pour la protection des animaux sauvages).

Remarque : les indications d'effectifs figurant dans les fiches consacrées aux espèces sont tirées du *Nouvel Inventaire des oiseaux de France*, de P.J. Dubois, P. Le Maréchal, G. Olioso et P. Yésou, éditions Delachaux et Niestlé, 2008. Cet ouvrage est une mine de renseignements sur les oiseaux de France, y compris ceux qui fréquentent nos jardins.

Carnet pratique

Associations nationales

- LPO - Fonderies Royales
8, rue du Docteur Pujos
BP 90263 - 17305 Rochefort Cedex
Tél. : 05 46 82 12 34 - www.lpo.fr

Refuges LPO©

Les Refuges LPO

Le réseau Refuges LPO est le premier réseau de jardins écologiques en France. Ce programme existe depuis la création de la LPO en 1912 et compte aujourd'hui plus de 15 000 propriétaires déjà inscrits. Les Refuges LPO permettent à chacun d'entreprendre des actions concrètes de protection de la biodiversité de proximité et s'adresse aussi bien aux particuliers qu'aux collectivités, entreprises, établissements scolaires...

Dans un parc, un jardin, à votre porte, que ce soit à la ville ou à la campagne, la nature peut se révéler extraordinairement riche et variée. Même le plus petit espace, comme un balcon urbain, peut devenir un refuge pour la nature. Malheureusement, de nombreuses espèces autrefois communes sont aujourd'hui en difficulté comme l'hirondelle de fenêtre, le bleuet ou encore le hanneton. Vous pouvez agir pour protéger la nature et enrayer la perte de cette biodiversité par des gestes simples et un peu de bon sens. En respectant la charte refuges et en inscrivant votre terrain en Refuge LPO, vous participerez à la protection de la nature commune. Pour en savoir plus sur ce programme, consulter en ligne www.lpo.fr ou bien contactez le service Refuges LPO au 05 46 82 12 34 ou sur refuges@lpo.fr

• UFCS - Union française des centres de sauvegarde de la faune sauvage : www.chez.com/uncs

Associations régionales (sélection)

• Centre ornithologique Île-de-France
Maison de l'oiseau
Parc forestier de la Poudrerie
Allée Eugène Burlot - 93410 Vaujours
Tél. : 01 48 60 13 00 - www.corif.net

• Centre ornithologique Rhône-Alpes : www.cora-asso.com

• Groupe ornithologique Nord : www.gon.fr

• Groupe ornithologique normand : www.gonm.org

Pour le plaisir des yeux

• Superbe site de l'un des meilleurs « digiscopeurs » européens, Aurélien Audevard : www.ouessant-digiscoping.fr

• Site d'un grand spécialiste des oiseaux, également fin connaisseur des mammifères, Fabrice Cahez : www.fabricecahez.com

• Site d'un passionné des oiseaux et de la nature en général, administrateur à la LPO Champagne-Ardenne, Fabrice Croset : http://fafalpo.free.fr

• Très beau site naturaliste (région du Mans) de Christian Kérihuel : http://numeriscopages.com

• Site d'un photographe français de réputation internationale, Vincent Munier : www.vincentmunier.com

• Site passionnant permettant de suivre un jardin du Midi au jour le jour ; excellentes photos : http://lafaunedemonjardin.com

• Site très riche proposant un suivi par webcam de mangeoires et nichoirs en Ardèche : http://pagesperso-orange.fr/j.c.photonature/ refuge/index.htm

• Excellent site néerlandais de photos (site en anglais) : www.birdpix.nl

• Site réunissant les travaux de plusieurs photographes finlandais comptant parmi les meilleurs spécialistes européens : www.birdphoto.fi

Et pour en savoir plus

• www.oiseaux.net

• www.ornithomedia.com

• www.oiseaux-nature.com

Matériel optique

Europe Nature Optik
3, chemin du Val-Moré, 10110 Bar-sur-Seine
Tél. : 03 25 29 01 23 - www.europe-nature-optik.fr

Index

Les folios en caractères gras renvoient à la fiche d'identification des espèces.

Dans la collection « plaisirs nature »
Regarder les étoiles à l'œil nu

Crédits photographiques et illustrations

Aurélien Audevard : pp. 36, 41, 43 h, 46 b, 53, 54, 57, 59, 69, 71, 76, 84 h, 90, 91 g, 92, 94 h, 94 b, 99, 100, 104, 106, 107, 109 hd, 111 d, 119, 122.
Fabrice Cahez : pp. 8, 20, 30, 35, 39, 50, 51, 52, 55, 58, 61, 67, 68, 74 h, 74 b, 78, 79 h, 79 b, 80, 85, 86 g, 93, 98, 105, 112, 114, 117, 121.
Fabrice Croset : pp. 27, 33, 37 h, 37 b, 40, 43 b, 44, 46 h, 64, 65, 66, 77, 81, 83, 84 b, 87, 88, 89 h, 89 b, 91 d, 97, 108 d, 109 hg, 110, 111 g.

Biosphoto : Thierry Nicaise : p. 56 ; Varesvuo Markus : pp. 60, 75, 86 d, 103, 108 g ; Frédéric Desmette/Wildlife Pictures : p. 70 ; Sylvain Cordier : p. 73 ; Kerstin Hinze : p. 102 ; Jean-Lou Zimmermann : p. 109 b ; Dominique Delfino : p. 118 ; Bruno Cavignaux : p. 120.

Fotolia : Christophe Fouquin : p. 116.

Rustica : Franck Boucourt : pp. 11 (jardin L'Aulnaie), 14 (jardins du Prieuré Saint-Michel), 28 (Saint-Jean-de-Frenelles) ; p. 18 ; Christian Hochet : p. 19 ; Jean Lebret : p. 23 (Clos du Coudray) ; Éric Brenckle : p. 29 (jardin de Berchigranges).

Guilhem Lesaffre : p. 123.

Photo de couverture : Fabrice Cahez.

Illustrations : Michel Sinier : pp. 49 et 63.

Conception graphique et réalisation : O'Communication

Suivi éditorial : Frédérique Chavance

Suivi de fabrication : Marie Guibert

Photogravure : Point 4

N° d'éditeur : 49470 - (F10045)

Achevé d'imprimer en mai 2010 par IME à Baume-les-Dames (France) suivant des procédés préservant l'environnement sur du papier Arctic the Volume certifié FSC (Forest Stewardship Council), fabriqué à partir de pâte à papier issue de forêts en gestion durable.